历史教学与地方历史文化资源的开发利用

王春丽　著

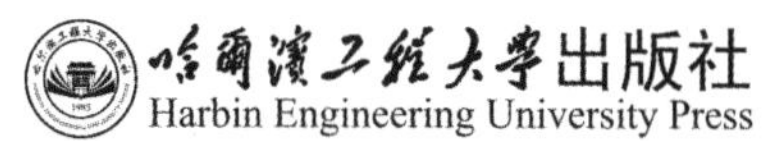

内容简介

随着基础教育改革的不断深入，课程建设体系中的校本课程和地方史课程的开发成为教学科研的重点。为了落实“立德树人”的理念，培养学生的家国情怀，本书作者收集了葫芦岛市下辖的连山、龙港、南票、绥中、建昌和兴城等区、县(市)的丰富史料，将葫芦岛市的历史沿革、风土人情和文化传承等一一展现在读者面前，旨让广大教师、学生和家长进一步了解家乡、热爱家乡。同时，本书也可为一线教师实施地方史课程开发和设计课堂教学提供可供参考的蓝本。

图书在版编目(CIP)数据

历史教学与地方历史文化资源的开发利用 / 王春丽著. — 哈尔滨：哈尔滨工程大学出版社，2023.6

ISBN 978-7-5661-2694-8

Ⅰ. ①历… Ⅱ. ①王… Ⅲ. ①中学历史课-教学研究 Ⅳ. ①G633.512

中国版本图书馆 CIP 数据核字(2020)第 099318 号

历史教学与地方历史文化资源的开发利用

LISHI JIAOXUE YU DIFANG LISHI WENHUA ZIYUAN DE KAIFA LIYONG

选题策划 史大伟
责任编辑 张 彦 王晓西
封面设计 李海波

出版发行 哈尔滨工程大学出版社
社　　址 哈尔滨市南岗区南通大街 145 号
邮政编码 150001
发行电话 0451-82519328
传　　真 0451-82519699
经　　销 新华书店
印　　刷 哈尔滨理想印刷有限公司
开　　本 787 mm×1 092 mm 1/16
印　　张 7.5
字　　数 181 千字
版　　次 2023 年 6 月第 1 版
印　　次 2023 年 6 月第 1 次印刷
定　　价 38.00 元
http://www.hrbeupress.com
E-mail:heupress@hrbeu.edu.cn

前　言

随着新时代国家普通高中教育课程改革建设的不断推进，国务院印发了《关于新时代推进普通高中育人方式改革的指导意见》，针对优化课程实施、促进学生发展等方面做出了明确的规定，课程体系的研发日显重要。作为教育工作者，我本人几年来一直致力于地方史课程体系的开发与实践工作，并通过"葫芦岛地方史"系列科研课题的引领，逐渐摸索出了一条教学内容的编写、教学设计的研究和课堂教学实施的课程建设之路，颇见成效。目前，葫芦岛市各县区学校的地方史教学工作开展情况参差不齐，所以亟须一套结构科学、内容完整的地方史教学参考书，以指导各普通高中的地方史课程教学工作。此书有利于提高学生学习历史的兴趣；有利于对学生进行家国情怀的教育；有利于学生学习方式的转变；有利于历史教师素质的提高；有利于拓展本地区课程资源，从而形成鲜明的地方史教学特色。

一个地区的历史，作为整个民族史架构的一个单元，具有其相对独立的特点。与之相应的是，地方史的研究作为史学研究的一个点、一个部分，既具有从属性，也具有相对独立性。尽管地方史研究在目前还没有成为世人瞩目的热点，但并不影响广大一线历史教师对这一领域的研究和热爱。葫芦岛市地处辽西走廊，自古以来就是兵家必争之地。在人类的历史上，这里一直没有停止过生息与活动、战争与硝烟、农耕与游牧……这片土地留下了太多的人类文明的记忆，书写着世事的变幻与沧桑。作为"关外第一市"，葫芦岛市拥有独特浓郁的历史，众多可歌可泣的人物事迹以及值得传承的历史故事值得我们深入挖掘。从南票沙锅屯洞穴的红山文化到春秋战国时期的东大杖子古墓文物；从秦皇汉武的碣石行宫到魏武帝曹操的"东临碣石、以观沧海"的诗篇佳作；从辽金元的多元文化挖掘到遍布葫芦岛市的古塔古寺遗存；从明末宁远大捷的争杀到塔山阻击战胜利的不朽功绩，这些都已成为葫芦岛历史宝库中丰富的资源。我们仿佛看到了历史的影子、听到了历史的声音、感受到了历史的温度！本地区经济、地理环境的特点，左右了这里各个时代的政治、经济、军事、文化、民俗等的延续及历史流灌，给史学研究提供了大量史料。在历史长河之中，如果地方历史具有鲜明的区域特征和浓郁的民俗特点，就能以更为独特、更为细微的视角昭示这个地区的发展过程，在时代的脉动中发现和揭示历史发展的客观规律。因此，让我们的教师和学生了解葫芦岛的过去，是给我们的子孙后代留下的最珍贵的精神财富。

葫芦岛的历史是厚重多元的、是丰富多彩的、是激情澎湃的、是难以忘怀的！自1906年设官治理以来，在漫长的艰苦岁月中，葫芦岛人民不怕牺牲、御外侮、战顽敌、保家园，创造了许多可歌可泣的英雄事迹，蕴藏了丰富而生动的历史故事。本书从多角度对本地区的历史做了点与线的描述，选材广泛，涉及政区划分、经济发展、民族战争、革命斗争、文物古迹、人物评述等，力图通过对蕴涵必然性的某些偶然、特定的历史现象和事件的揭示，将葫芦岛地区社会发展进程进行科学的概括。对重大历史事件能穷原竟委，是本书的特色之一。同时，本书在对史料的运用上尽量做到深刻而精练，质朴而传神，既表述历史事件、概括历史经验，又紧密联系社会现实生活，能体现较强的时代性、知识性和教育性。

纵横历史的目的不是囿于知古，而是鉴今。此书不是要单纯缅怀过去，更多的是要畅想未来。如果说本书记载的葫芦岛历史是昨日的路标，那么在面对新世纪的重要历史时期，谱写新的历史篇章，是我们肩负的重要使命。习近平总书记强调："重视历史、研究历史、借鉴历史，可以给人类带来很多了解昨天、把握今天、开创明天的智慧。"历史是过去的现实，现实是未来的历史。重视学习借鉴历史经验，是习近平总书记治国理政思想的一个鲜明特点。习近平总书记围绕学习、研究、借鉴历史多次发表了重要讲话。这些重要讲话站在开辟未来的战略高度，以历史唯物主义的深邃视野，深刻回答了以什么样的态度和方法学习、研究、借鉴历史的问题，为发展21世纪中国马克思主义史学提供了科学指南。此书的出版，既有积极的现实意义，也有深远的历史意义。作为一部寓教于史的书籍，它能够引导、激发广大教师和学生以更广的维度来认知家乡，以更浓的情怀来热爱家乡，以更大的干劲儿来建设家乡。在此，我对支持此书出版的同人、挚友和出版社，表示最诚挚的感谢！

著　者

2022 年 9 月 1 日

目　　录

连山篇

绥中篇

建昌篇

综合篇

连山篇

连山历史变迁

辽宁省葫芦岛市连山区历史悠久，在新石器时代的辽河边就有先民活动，辽金时期的连山是个小集镇，明清时期叫连山驿，后来称锦西县，中华人民共和国成立后划为葫芦岛市连山区，经历了 18 个朝代，共 2 846 年。

一、连山城的由来

从现在出土的文物（石刀、石斧、陶纺轮等）来看，四千多年前，已经有先民在这个地方生活了。连山名字的来源有两种，一种说法是由于它与松山、杏山、塔山、首山相连，故称连山；另一种说法是因为它是山水相连，故称连山。

《中国通史》记述：明洪武二十年（1387 年），明太祖朱元璋命京师左军都督府从山海关至辽阳设 14 处马驿，其中就有连山驿站，负责传递文书，接待过往官员，搭建关内外联系，加强辽东地区防御。《盛京通志》里记载："连山城周围一里二百六十步，南一门，曰迎招，池淤。"据最新调查资料显示，连山城的遗址以现在连山大街为中心，平面略呈方形，与《盛京通志》"一里二百六十步"大致相合。

二、连山城的演变

连山在夏朝时属于幽州地；春秋时期是燕国地盘；战国时属辽西郡；两汉、辽、金时期属安昌县；明代在连山设驿站，称连山驿。

清光绪年间连山为锦西厅管辖的第五区。"国民政府"时期，锦西厅属奉天省锦州府管辖，"东北沦陷时期"辽宁省改为奉天省，锦西隶属奉天省。

抗日战争胜利后，中国共产党接管辽西地区，锦西县属其辖区。解放战争时期，锦西县南部地区由国民党政府占领并统治。辽沈战役结束后，中国共产党在锦西县城设了县委和政府，并对其进行管理。那时锦西县隶属辽西省，后来辽西、辽东两省合并为辽宁省，锦西县隶属辽宁省。

20 世纪 80 年代，锦西县改名为锦西市，是一个县级市，隶属锦州市。20 世纪 80 年代末随着人口和经济实力的增锦西市强改为地级市，设立连山区。1994 年 9 月，锦西市更名为葫芦岛市，连山区隶属葫芦岛市，这就是如今大家熟知的连山区。

三、明代的连山驿

明代洪武二十年（1387 年），在如今的连山旧城设置连山驿。当时从山海关至辽东都司治所辽阳城的这条线路上设置了高岭驿、东关驿、曹庄驿、连山驿等14处驿站，每处驿站相隔30~40千米。当时的连山驿面积仅有0.06平方千米，是座名副其实的小城。在隶属关系上，明代连山驿隶属宁远卫管辖，宁远卫所在地即现在的兴城古城。明代嘉靖年间《全辽志》记载："宁远卫连山驿，城东北三十二里，递运所在本驿内。"可见，直到嘉靖年间，连山驿主要承载的还是邮传和交通中转的功能。之所以在连山设置驿站，与这里的地理位置有关。连山驿恰好位于群山中间的平原地带，处在辽西走廊的交通要道上，距离海滨亦不远，后来著名的"连山湾"海湾便是因连山驿而得名。

明代在山海关外设置驿站的目的是防御少数民族入侵、加强中央集权，便于关内和关外的经贸往来和信息传递。连山驿设置后发挥了有效作用，朱元璋曾亲自下旨，命令"山海关至辽东"的十余处陆路驿站"设马五十匹"，后因战事原因还有所增加。明代关外驿站的军事功能强大，驿卒和管理者都是军人。由于明代的辽东驿站兼具军事功能，因此驿城多修筑防御，故连山驿亦被称为连山堡。明天启三年(1623年)，兵部尚书孙承宗在巡视辽西走廊防务后奏报皇帝，由于防务废弛，连山驿城墙年久失修，城垣都已经坍塌了。尽管如此，连山驿在明亡清兴的历史进程中仍然发挥着重要作用。

明崇祯十五年(1642年)春，随着松锦大战中明军惨败，连山成为明代在山海关外的军事前沿；同年五月，兵部派马绍愉率议和使团赴盛京与皇太极谈判，据《清太宗实录》记载，皇太极提出要以塔山为界进行互市贸易。此时清军已经攻克塔山城，将距离塔山仅十余千米的连山驿作为军事缓冲区，反映出皇太极的韬光养晦之策。然而，崇祯皇帝拒绝进一步议和，皇太极设想之中的在连山开设"互市"进行贸易的想法遂不了了之，最终在兵戎相见中明代灭亡。

清朝建立后，原来明代的驿站逐渐荒废，随着关内移民定居此地者陆续增多，连山驿由一个大村屯变成了人丁兴旺的集镇，至晚清称为连山镇，隶属锦州府。清末义和团兴起时，连山义和团曾经远近闻名。现在，连山区是辽宁省面积较大的市辖区，资源丰富，交通便利，发展潜力很大。

四、战火中的县城

连山区是渤海湾重要的陆路要地，历来都是兵家必争之地。战争的硝烟曾经给城区带来无数次灾难，其中最为惨痛的是在日本侵略者压迫下的14年，连山城人民遭到空前的磨难。日本侵略者占据锦西县期间，修工事，抓劳工，从事秘密军事活动等。

东北沦陷后连山区被日本侵略者占领，史料显示日本侵略者在城区设置了军事管辖区，不允许中国人进入，还强行向城区人民征收军需物资。在国民教育上，推行"奴化教育"，据当事人回忆：学校上早操时，要求学生吹铜号，升"伪满洲国旗"，唱"伪满洲国歌"，还要向东北方向的"伪皇宫"躬身"遥拜"，以示感谢"皇恩"。上政治课时，称"日本为友邦"，企图改变学生的想法，泯灭学生的中华民族感情和自尊心，妄图将其培养成接受日伪统治的人。上历史课时，讲"伪满洲国"诞生史，以此淡化学生固有的民族意识，企图让学生忘掉自己的祖先，欺骗学生成为"满洲国人"。国语课程上，除了学习"满语"(汉语)还学习日语,企图从语言上进行“奴化教育”。

1932 年后,日本在东北各地的殖民统治加剧,为了满足侵略和长久控制的需要,在小城锦西县设领事馆。1932 年 8 月,日本驻锦西领事馆在锦西县城连山区成立,这是葫芦岛历史上唯一一个领事馆,也是日本在辽西地区县城里设立的唯一一个领事馆。

日本驻锦西领事馆隶属日本驻锦州领事馆,从严格意义上说,它只是一个领事分馆或办事处。当时锦西已经沦陷,领事馆的职责与其说是行使“领事”职能,不如说是一个日本情报特务机关,这从日本驻锦西领事馆的内设机构中就能鲜明看出。日本驻锦西领事馆下设六个系和六个特务组织,常驻人员二十余人,如果连同分散活动的特务人员和雇用的特务人员,就有数十人,主要职责就是为日本商人在锦西一带开展活动提供联络,外加镇压民众反日斗争。领事馆的特务组织常年收集义勇军和民众自卫武装的情报,为日伪当局镇压民众反日斗争、维护日本对锦西的统治势力。

见证了千年历史演变的连山,如今正在人民政府的领导下抓住辽宁沿海经济带改革开放的机遇,制订切实可行的计划,开发地区旅游业。这座美丽的城市正在昂首阔步地走向辉煌,创造新的历史。

参考文献:

[1] 崔粲,魏福祥,杜尚侠. 辽宁地方史[M]. 沈阳:辽宁教育出版社,1992.
[2] 张锡林. 辽宁历史与文化[M]. 沈阳:辽宁人民出版社,2008.

葫芦岛市连山区爱国主义教育基地概览

葫芦岛地区有着深厚的红色历史文化，这里发展了东北地区第一批农民党员、诞生了辽西第一个党支部、建立了东北农村第一个抗日根据地，这里更是八路军进入东北的第一站。葫芦岛市连山区建设并保存有塔山阻击战纪念馆和辽西二次大捷纪念遗址等历史遗迹。

一、塔山革命烈士陵园——英烈魂归处

塔山革命烈士陵园位于葫芦岛市连山区塔山乡塔山村东，是为了纪念英勇牺牲于塔山阻击战中的革命烈士而修建的。烈士陵园修建于1963年10月15日，先后被国家和辽宁省确定为“全民国防教育基地”“辽宁省爱国主义教育示范基地”“辽宁省全民国防教育基地”。2016年12月，烈士陵园入选《全国红色旅游景点景区名录》。

塔山革命烈士陵园正门

塔山地处交通咽喉部位，历朝历代都是军事战略要地。明宣德五年(1430年)塔山城建立，其南部建有海宁门，西部建有安平门，东部建有义仓门。明嘉靖四十二年(1563年)塔山城重修，在原有建筑高度的基础上加高1米左右。明崇祯十五年(1642年)，清兵攻毁城垣约70米，其后，皇太极于杏山失守后，下令摧毁杏山、塔山、松山等三处城池。

塔山革命烈士墓

1948年10月10日，塔山阻击战打响。作为辽沈战役的重要战场之一，东北野战军第二兵团的所属部队按照中国共产党中央军事委员会和东北野战军的战略部署奋勇抗敌。从1948年10月10日凌晨开始，东北野战军的8个师经历了6天6夜的激烈战斗，歼灭敌军七千余人。此战役成功地抵抗了国民党陆军、海军和空军的疯狂袭击和数次轰炸，创造了以劣胜强的奇迹。塔山阻击战阻止了国民党军队对锦州的增援计划，粉碎了国民党军队救援锦州的战略企图。此战役保证了东北野战军攻打锦州及辽西会战的胜利，加速了东北战局的扭转，从而加速了东北解放的进程，对中国革命的最终胜利做出了重要贡献。

塔山革命烈士纪念塔

杨贵江，一名高龄老兵，原东北野战军第4纵队炮兵团士兵。在回忆塔山阻击战时，他曾说：“我永远不会忘记塔山战役中死去的同志，我永远不会忘记塔山被鲜血染红的每一寸热土……”

塔山革命烈士陵园占地面积11 000平方米，园林面积220 000平方米。陵园中建有纪念塔、纪念馆、将军墓、烈士公墓等。

塔山革命烈士纪念塔，塔高12.5米，由花岗岩砌成，纪念塔左右辅以连体副碑。塔座的正面镶有石雕花圈，向烈士敬上永远的祭奠。塔顶雕刻着象征烈士们英雄气概的云环纹饰。纪念塔两侧上方的军功章浮雕，记录着革命先烈的功绩。塔的背面刻着关于战斗和英雄事迹的碑文，塔的正面有陈云同志的题词——“塔山阻击战革命烈士永垂不朽”。

在纪念塔的前方分别耸立着五位生前直接指挥阻击战的将军的墓碑，同时建有可容纳万人的广场；在纪念碑的前方和后方，建有革命烈士公墓，埋葬着743位烈士的遗骨。

塔山阻击战纪念馆也建在陵园内，纪念馆的陈展面积约2 000平方米，共分为五大部分，陈列有许多图表、照片等实物史料。纪念馆为再现当年激烈的战争场景采用了多种现代化的展示手段与方法，全面介绍塔山阻击战的战争全过程，使参观者在参观的过程中感受到强烈的视觉冲击，从而激发人们热爱祖国和热爱家乡之情。

二、鲜为人知的“辽西二次大捷”

辽西二次大捷纪念馆及纪念碑

杨家杖子位于辽西走廊，是东北沦陷时期的矿区，有铁路和公路相连，地理位置十分重要。在解放战争期间，国民政府为进攻热东解放区，将其作为战略基地，囤积了大量战斗物资，并建立了坚固的野外防御工事。1947年9月，东北民主联军发动了秋季攻势，取得巨大胜利。其后，国民党军队将领王铁汉率整编四十九军4个团紧急增援，第二次杨家杖子战役正式开始。同时，东北民主联军在杨家杖子地区展开了大规模的围剿战，在9天的时间里三战三捷，剿灭和俘虏了国民党官兵16 300余人，而我军伤亡仅1 000余人，此战成为东北民主联军的经典战役。

王铁汉（1905年2月24日—1995年12月15日），男，辽宁盘山人，国民党将领。在1931年9月18日“九一八”事变爆发时，王铁汉坚决下令进行反击，毅然顶着上级“不抵抗”的命令打响了抗击日本侵略者的第一枪。素有“儒将”之称的王铁汉一生喜欢研究和学习军事及政治理论,撰写并出版了《战争论》和《东北军史略》等书。

“辽西二次大捷”创造了当时东北战场上前所未有的胜利,这次战役是辽沈战役前东北战场上东北民主联军歼敌人数最多的战役,是东北民主联军的一次成功战略攻击,为赢得东北战场全面胜利打下了坚实的基础。

2000 年,杨家杖子经济技术开发区正式建立,开发区政府的相关领导对烈士的安葬工作给予了高度重视,陵园的建设工程于 2012 年动工。在陵园设计中,呈三棱形的纪念碑高达 19.47 米,纪念碑的底座面积约为 19 平方米,高达 4.7 米。在纪念碑的两侧,分立着纪念墙,左侧为“辽西二次大捷”的战役介绍,右侧是牺牲烈士的名单。

杨家杖子烈士陵园及园内碑文

三、灵山忠魂钟卿烈士墓

钟卿烈士墓,位于连山区山神庙乡的灵山风景区内,是葫芦岛市爱国主义教育示范基地和县级文物保护单位。

钟卿,原名郝忠庆,是解放战争时期的革命烈士。钟卿同志于 1918 年 6 月出生在山西省辽县(现左权县)的一个农民家庭。1936 年底,他加入了革命组织,1938 年光荣地加入中国共产党。1943 年 5 月,钟卿同志被派往延安学习,成为大生产运动的中坚力量。

钟卿烈士(1918—1948 年)

1946 年 3 月,钟卿同志担任原锦西县委组织部部长,主要负责组织一、二区小队在山神庙边沿子区开展革命工作。钟卿同志在工作中认真负责,关注细节,在极其艰苦的条件下总是坚持“先人后己”的原则,时刻关注着战友和人民群众的需要,帮助大家解决实际问题,不仅受到干部和战士的好评,也与人民群众打成一片,深受群众爱戴。

钟卿同志是山西口音,与山神庙边沿子区人民口音截然不同,当地人听他说话十句有八句听不懂,但却都愿意接近他,向他反映情况。每当部队去一个熟悉的村庄时,当地的大娘总会问:“钟部长来了没有?”

1948 年 2 月 2 日,根据工作安排,钟卿同志主持召开群众大会,在大会召开期间,突然遭到地主花子队的袭击。为了掩护群众转移,钟卿同志在院内鸣钟示警,并迅速向相反方向撤离,最终钟卿同志不幸牺牲,当时还不满30周岁。

钟卿同志牺牲后,原锦西县委在暖池塘区举行了追悼大会,并号召全体党员干部要学习钟卿同志一切为了人民、一切为了革命的伟大精神,发扬钟卿同志舍己为人的伟大精神。同时,由于钟卿同志生前一直战斗在山神庙边沿子区,原锦西县委决定,将他的遗体就安葬在他为之付出宝贵生命的地方。

钟卿烈士墓

参考文献:

[1] 柏来任,杜广强.1948年塔山阻击战述论[J].黑龙江史志,2014(18):58-60.

[2] 沈旸."革命烈士纪念建筑物"类文物的保护对象及模式[N].中国文物报,2018-07-06(06).

[3] 塔山革命烈士陵园[J].兰台世界,2015(4):162.

三教合一的古代建筑

——莲花山圣水寺

莲花山圣水寺坐落于辽宁省葫芦岛市连山区杨家杖子经济开发区的莲花山，建于清代早期。圣水寺规模宏大、技艺精湛、雕梁画栋、金碧辉煌，自然风光与人造景点相映成趣，既有宗教色彩又有园林格调，是辽西一带旅游名胜之一。我国三位古建筑专家视察后，评价圣水寺是真正的“中国古建的什锦小品”。本文从葫芦岛及连山区古代历史沿革和葫芦岛连山区的名胜古迹莲花山圣水寺两个方面内容加以阐述，重点从圣水寺建筑分类体现三教合一、民俗文化内涵丰富以及广阔的前景方面加以分析。

一、葫芦岛及连山区的历史沿革

葫芦岛是一座历史悠久的城市。八千年前，葫芦岛就已经出现了人类。葫芦岛有一处著名的古人类遗址，就是新石器时代“红山文化”的沙锅屯遗址，距今大约五六千年。商周时期，葫芦岛出现青铜文明。秦汉时期，秦始皇曾在此修建了豪华的行宫。汉武帝在东巡渤海的时候修筑了“望海台”来欣赏美景。魏晋南北朝时期，此地出现了战乱。唐代，本地区的经济得到了不断发展。辽、金、元时期，契丹人、女真人、蒙古人曾大量迁居到这里，使这里的经济得到了进一步的发展。明代，葫芦岛开始成为关外（现辽宁、吉林、黑龙江三省）的要塞，朱元璋在这里修筑了蓟镇长城，明正统年间又修筑了著名的辽东长城。明代，葫芦岛的名称有机会第一次被载入了史书，公元1443年纂修的《辽东志》一书，就非常明确地记载了葫芦岛的名称和所处的地理位置，这是最早的关于葫芦岛地区的文字记载。清代康熙等四位皇帝东巡盛京祭祖，都曾到达葫芦岛。

二、葫芦岛的名胜古迹莲花山圣水寺

葫芦岛的名胜古迹非常多，莲花山圣水寺很具有知名度，它是国家AA级旅游景区，也是全国重点文物保护单位。莲花山圣水寺位于葫芦岛市连山区杨家杖子莲花山南麓，从寺院东行30千米到葫芦岛市区，南行25千米到兴城市，沿途路面都是柏油大道，交通便利。莲花山海拔203米，山体挺拔俊秀，南山脚下一股清泉涌出，顺渠流入院外池塘。圣水寺建在泉边独成一院，东、西、北三面环山，南面平坦开阔，山坡上松柏参天，鲜花盛开，环境清幽。圣水寺最早建于清代，占地面积达到一万多平方米，院内楼台殿阁罗列，具有很高的历史价值、艺术价值、科学价值，是辽西独具特色的三教合一的旅游胜地。

莲花山圣水寺布局合理,建筑规模庞大,南北长104米,东西宽96米,构造新颖独特,做工美观精细,既具有东北的风格,又具有南方的特点;以山为背景衬托古式建筑,既有人造景观,又有自然景观,让人赏心悦目。1714年,大和尚崇慧在莲花山落脚,安心修行,化缘得以建寺庙,后来此寺庙取名为圣水寺。圣水寺不断扩建,规模日渐宏大,成为远近闻名的旅游胜地。

圣水寺

天元宫

1.建筑分类,体现三教合一

天元宫　在正门以里,它整体建筑高大雄伟,在方形基座上建有方形的大殿,大殿中央有一根特别粗大的主柱,称为"擎天柱",支撑三楼的顶端。一层是正方形的楼座,正面中央是圆拱形的通道,两边设有东西耳室;二层是四角形的楼阁;三层是十二面形,装饰风格与二层相似。楼顶铺着青瓦,顶部是一个鼓座,顶尖是等边三角形的美观装饰。天元宫的檐角高翘，这种建筑特别符合道教的“天圆地方”之说。山门的匾额上写着“三阳开泰”。传说，这里的“三阳”分别代表青羊、白羊、红羊。青羊代表过去的佛——燃灯佛；红羊代表现今所信奉的佛——释迦牟尼佛；白羊代表未来的佛——弥勒佛。所以“三阳开泰”可解释为佛教的三代重于泰山，另外顶端还刻着“东、南、西、北”四个方位，符合道教所谓的“太极主宰世界”的观点。

钟鼓楼

钟鼓楼 在莲花池的两边，池的东边是鼓楼挂鼓，西边是钟楼挂钟，东西相对，建筑风格相同。两个楼座东西两边墙上用青砖砌成了八卦中的“乾、坤、离、坎”四卦，代表自然界中的“天、地、水、火”，它是道家思想最明显的体现。钟楼正方，正中央有一匾额名为“仁义礼”，它是儒教思想的充分体现。两楼中间是一个莲花池，以前它被称为“八德池”，所谓的“八德”指的是忠、孝、仁、爱、礼、义、廉、耻。莲花池又是放生池，池中的鱼一般都是信佛的人放生的。池边的栏板上很清晰地刻有著名的二十四孝图，每幅图都是一个生动的故事，每个故事都在强调一个“孝”字，这是孔子和孟子所要主张的思想，它也是儒教思想的充分体现。

明心楼 在钟楼西边，是方形的二层楼，四面还带有围廊，装饰美观。正脊中间有一只“金鸡”，生动而又逼真。明心是“清净圆满，明心见性”的意思，正是佛教修养所要达到的状态。

明心楼

碧云宫　它是圣水寺的主殿,设计巧妙独特,一共有四层,雄伟壮观而又不失华丽。它是圣水寺最精粹的建筑,把城座、塔身和阁楼三者融于一体,充分地发挥了民间艺术的独特性。它的顶层最高的位置摆放着玉皇大帝的雕塑,第二层和第三层摆放着的雕塑是三皇五帝,他们是传说中远古时期的帝王。碧云宫的最底层是方形城台式楼座,四面城门相通,墙顶留垛口,墙沿有莲花浮雕。碧云宫的上匾额有“戊己中天”四个大字。戊己是相对十天干中的“戊己”而言的,“戊己”两字位于天干的中央位置,所以传说“戊己中天”的意思是“圣水寺是中天之国所在地”,它是一座“主庙”。

东西跨院　碧云宫后边地势渐高,顺山势开辟出东西跨院。正中是五间硬山式大雄宝殿。

圣水寺现有塑像很多,阿弥陀佛、观世音菩萨、大势至菩萨,通称为“西方三圣”,还有胡三太爷、胡三太奶,以及其他一些排位。以前碧云宫里还有玉皇大帝、四大金刚、千手千眼佛的塑像;大雄宝殿有释迦牟尼、关帝等塑像;天元宫有三皇五帝、孔子等塑像。如今,圣水寺在不断恢复修建中。

2. 民俗文化内涵丰富

圣水寺属于“三教合一”的古代建筑,在设计上没有受传统建筑的限制,在造型上反映了民间的特点。圣水寺融合了儒教、释教(佛教)、道教三个教派的建筑风格。天元宫整体造型为方座圆盖,这种设计源于道教“天圆地方”的理论。擎天柱的石柱本应该是一块整石,偏要两块对接,上刻有阴阳鱼八卦,就是为了体现道家思想。地下涌出的泉水,一般都是任其流入大河,为什么要引水围绕寺院呢?因为佛教有“凡尘乃是无边的苦海”的理论,这样设计就是寓意到达圣水寺就是登上了脱离人间苦海的大船。寺院到处都有莲花的形象:立佛站在莲花上,坐佛有莲瓣托着,建筑物上的莲花有画的、刻的、塑的,莲花无处不在。佛教非常推崇莲花“出淤泥而不染”的寓意,常常用莲花来比喻“法界”的纯洁无瑕。圣水寺将莲花的形象赋予宗教哲理,感化人心,手法不落俗套。

圣水寺有大量的楹联、匾额,其中还有很多优秀的书法作品以及生动的联句,文学价值非常高。

3. 广阔的前景

莲花山圣水寺规模宏大、建筑工艺精湛。几十年来,政府不断投资抢修圣水寺,让这座充满历史、艺术、科学价值的古建筑群逐渐恢复了原貌。辽宁省大力开发辽西景区,加大资金投入,期待“引客出关”发展东北经济。

圣水寺先后接待了澳大利亚、日本等国家的友人,国内慕名而来者也不断增多。每逢初一、十五,三月三、六月六、九月九等中国民间传统节日都会有大量旅游者来此参观、拜佛。可以说莲花山圣水寺既有美丽的自然风光,还有很多人造的景点,这里宗教色彩浓厚又不乏园林格调,此外这里还有着丰富的民族文化内涵,每年都会吸引大批的游客,发展前景非常乐观。

参考文献:

[1] 张凯新. 葫芦岛文史纵横[M]. 长春:吉林大学出版社,2006.
[2] 李刚. 锦西地方史文集:第1集[M]. 葫芦岛:[出版者不祥],1994.

塔山阻击战

1945 年 8 月 15 日,日本投降,长达 14 年的抗日战争结束,中国人民终于实现了当家做主的梦想。其后,在解放战争中发生了诸多著名战役,例如,淮海战役、辽沈战役、平津战役、鲁西南战役、济南战役、孟良崮战役、渡江战役等,其中一场发生在连山区塔山乡的塔山阻击战颇具传奇色彩。

一、历史背景

抗日战争结束后,作为当时全国粮食产量最大、重工业最发达、距离苏联最近和唯一一个共产党军队兵力大于国民党军队的地区——东北三省,被中国共产党中央军委选为解放战争的第一决战地区。

国民党当局对东北的战势甚是担忧,于是将位于沈阳的国民党主力部队撤退至锦州,这样一来,进攻的话可以夺取东北,退守的话可以与华北傅作义部进行配合。

1948 年 9 月 12 日,辽沈战役打响第一枪,东北野战军坚定奉行中央军委制订的作战计划,经过半个多月的顽强斗争,锦州孤立无援。由于锦州战役是辽沈战役最为关键的战役,国共两党都非常重视此战役。对于人民解放军来说,只有攻克锦州,切断国民党军队东北与华北之间的联系,才能将东北地区的国民党军队与外界隔绝,将其歼灭或俘虏。国民党当局急忙调遣关内第 62 军、第 39 军 2 个师、第 92 军 1 个师和独立第 95 师,走海路至葫芦岛,连同原驻锦西的第 54 军,共 11 个师组成“东进兵团”,由第 17 兵团司令官侯镜如指挥增援锦州。东北野战军第 2 兵团司令员程子华、政治委员黄克诚奉命指挥第 4 纵队、第 11 纵队及冀察热辽军区独立第 4 师、第 6 师,在辽宁省锦州西南塔山地区占领阵地,在打渔山、塔山桥、塔山堡、白台山、北山一线构筑野战工事,组织防御工作,阻击“东进兵团”,以保障野战军主力部队成功夺取锦州。

二、战役过程

国民党当局的 11 个师大举进攻,而中国共产党方面以 8 个师进行阻击增援,战斗的艰难和激烈程度可想而知。1948 年 10 月 10 日,国民党进攻部队认为人民解放军的防御工事并没有表面上那么强御,所以国民党军队在战前只准备了半个小时的炮弹攻击,虽然这些炮弹对塔山地区的阵地有一定的破坏,但是阻挠步兵前行进攻的障碍并没有被清除,人民解放军的炮兵与国民党的炮兵进行了激烈的交战,并集中火力攻打国民党军第二梯队的集结地域。当日国民党军共向白台山阵地进行了 7 次冲锋,向塔山阵地进行了 9 次冲锋,但由于人员伤亡过于惨重,只好就地修整。

第二日,国民党军司令侯镜如仍然按照原定计划进行攻击,但在前日军事配备的基础上加强了炮火配备及海军、空军的火力支援。不断上演“你方唱罢我登场”,双方轮流攻击占领同一高地的“戏码”,但仍久攻不下;国民党四五零团团长、副团长想打破这样胶着的局面,于是亲自想冲锋陷阵以鼓舞士气,但却双双被人民解放军击毙身亡。人民解放军也付出了相当沉重的代价以保证塔山不落入国民党军队之手。人民解放军于 10 月 12 日利用休战的时间,加固工事,增修防坦克壕,在前沿埋设了地雷与各种铁丝网,让国民党的冲锋部队吃了狠狠的绊子。因前两日人民解放军守卫部队伤亡太大,东北野战军第四纵队(简称四纵)将主力团 10 师 28 团调到了塔山以东阵地。四纵在塔山堡阵地约 1 000 米宽的正面上配置了 16 挺重机枪、49 挺轻机枪、数十门各种身管炮和团属迫击炮。在这种空前猛烈的火力面前,国民党军队照常采用密集冲锋的人海战术,结果,其受到的重大伤亡也就不言而喻了。10 月 14 日上午 10 点,从塔山阵地的后方传来了地动山摇的炮声,锦州总攻命令开始了,这也意味着塔山阻击战已经到了紧要关头。国民党军开始向解放军防线冲击,双方鏖战直到傍晚。最终国民党独立 95 师伤亡惨重,全师缩整重编起来也不过 1 500 人,其他部队也是损失惨重,国民党军的斗志被完全瓦解,在期望已久的关外战车增援部队于当日晚上到达葫芦岛时也没能打起精神。15 日,从烟台来的国民党第 39 军增援部队抵达,然而为时已晚。15 日之后,锦州方面的炮声渐渐减弱,人民解放军取得了锦州总攻的胜利,塔山阻击战功不可没。

参考文献:

[1] 虞宝棠. 简论一九四八年国民党政府的金元券与限价政策[J]. 民国档案,1985(2):107 -113.

锦西民团歼灭古贺骑兵联队纪实

一、日本加紧侵略中国

早在明代，倭寇就在沿海烧杀劫掠，给中国人民带来了极大痛苦。1860 年前后日本倒幕派提出了侵略朝鲜，占领中国东北的战略意图。

1894 年日本挑起中日甲午战争，从中国掠夺了大量书籍、文物等资源，又获战争赔款达 2 亿两白银，这为进一步侵华奠定了物质基础。

1931 年“九一八”事变，国民党政府奉行不抵抗政策，东北全境被日本侵略者占领。

南京国民党政府虽然放弃了东北，但东北 3 000 万中国人不甘心沦为亡国奴，各地民众自发组织抗日，人数最多时达到 30 万人。

东北义勇军得不到政府援助，在武器装备、军事训练等各方面都处于劣势的情况下，与蓄谋已久、训练有素的日本侵略者展开了可歌可泣的殊死搏斗，面对日本侵略者，锦西人民敢于主动出击，一举歼灭日本二十七骑兵联队（队长为古贺传太郎，下称古贺），为整个东北抗日历史写下了特殊的一页。

二、锦西民团歼灭古贺联队之役

当时的锦西县城，是在江家屯（钢家屯），现位于连山区，是通往关内的必经之路，战略位置十分险要，历来为兵家必争之地。当年张作霖率领东北军主力入关逐鹿中原，后方空虚，为了维持地方治安，民众或一家独购，或数家合资购买枪支，成立民团。至“九一八”事变，锦西民团枪支有数千支。这些民团由当时的县公安局局长、中队长、分队长逐级管理。由于当时民不聊生，有些民众奋起反抗。如缸窑岭的刘存启（绰号亮山）、二庄屯的张恩远（绰号震东洋）就是其中的代表人物。国难当头之际，当地民团与百姓同仇敌忾，把枪口一致对外。

侵华日军高官古贺联队长

1932 年 1 月 5 日，侵华日军第二十七联队队长古贺领队从锦州出发，意图占领锦西。1 月 6 日，时任锦西县县长的张国栋不仅没有率众抵抗，反而率领士绅和商务会代表出城投降，锦西县城宣告沦陷。

1月7日晚间，锦西县城内共有侵华日军141人，其中二十七联队骑兵60名，步兵27名；松尾率领的第20师团辎重部队士兵26名；73联队石野中尉率领的一小队士兵28人。

国难之际，固然有卖国求荣者，亦有精忠报国的英雄好汉。曾任张学良的副官，时任锦西县公安局局长的苑凤台，并没有跟随汉奸张国栋一起开城投敌，而是秘密召集抗日民团首领周玉柱，民众刘存启、张恩远等人连夜商讨对策，最后决定给予日寇以毁灭性的打击，分头埋伏，伏击日军。

1月8日晚，日军联队队长古贺得到消息：县城外聚集了数百民众。他以为是乌合之众，不堪一击，于是采取咄咄逼人的姿态，主动出击。县城外的民团得知古贺即将出城的消息，连夜做好准备。

1月9日晨，古贺命令一小队返回锦州补充武器弹药，留下村上小队在城内守护联队旗（联队旗是联队象征），自己率领骑兵和步兵小队，配备轻重机枪出城“扫荡”。

1月9日10时30分，古贺率队到达距县城十里的上坡子时，突然遭到民团射击。

古贺即命令就地还击，同时命令石野小队攻打龙王庙屯，准备占领高地。

龙王庙屯外驻守的是刘存启和张恩远等人，双方互射，一场激战之下，石野被击毙。

古贺率领的骑兵也被击毙多人，面对漫天遍野的民团枪声，他不得不沿着公路撤退，在距离县城不远的西园子（今钢屯钢西村），预先赶到的刘存启等人率领民团合击，又有刘存富等12人凭借公路北侧的炮楼向日军射击，还有民团战士趴在附近房屋之上，以烟囱为掩护，向侵华日军的机枪手偷袭。

混战中，古贺被两颗子弹击中，一颗在左肩，一颗在右腹，古贺因流血过多于午后三时毙命。

残存的侵华日军用火烧炮楼，引起一桶抬枪火药爆炸，炮楼上驻守的12名民团战士，除刘存富和刘存荣二人脱身外，其余10人都壮烈牺牲，为国捐躯。

当日，松尾小队在返回锦州路上，于钱搭屯东岭也遭到民团伏击。枪声一响，附近陈家屯、张相公屯等地的民团，甚至几十里外的群众也闻讯手持各种武器赶来，漫天遍野，到处都是抗日勇士，吓得侵略者几乎裂胆，最后侵略者全部被歼灭。

根据统计，1月9日全天，抗日民团共歼灭侵华日军百余人，其中包括中佐1人，大尉1人，中尉3人，古贺联队75人，松尾辎重部队28人，缴获机枪、长短枪等众多军用物资。此次战斗开创了击毙侵华日军联队长级别高级军官的历史，这是自“九一八”事变以来侵华日军遭到的最大打击，消息传开，各地的抗日义勇军为之振奋。

此次战斗民团也有众多伤亡，有些民团战士缺少战斗经验，因站着射击而被击中死亡。也有的战士在侵华日军优势武器的攻击下，如张恩远等人看到敌军机关枪火力凶猛，急切想夺对方的机枪，不幸死亡，驻守龙王庙山顶的刘春山三兄弟也都壮烈牺牲。还有些民团战士没有武器就用石头砸，也因此牺牲。

余下侵华日军吓得在县城躲避不出，直到1月16日，才在支援部队的协助下，放弃锦西老县城迁到连山。

接到战报的日本政府和关东军震惊不已，他们万万没有料到，一个区区小县城的民众居然有如此胆量，自发组织起来，以劣势的装备歼灭如此众多且训练有素的日本士兵，这使敌人闻风丧胆，甚至不得不做出迁移县署的举动。侵华日军在战后的记载中不得不哀叹："夫锦西寒冬之风暴，闻之皆血泪也。"

此后，日本侵略者多次用重兵对锦西、朝阳一带进行"扫荡"，给锦西人民的生命与财产造成严重损失，但英勇的锦西人民不甘屈服，数次击破侵略者的扫荡，虽付出了巨大的代价，但在整个民团抗日的历史上写下了浓墨重彩的一笔，用血与火筑起了新的长城。

三、与《义勇军进行曲》的关系

《义勇军进行曲》是电影《风云儿女》的主题曲，由田汉作词，聂耳作曲。学界普遍认为田汉的创作灵感来源于辽宁抗日义勇军。但是究竟灵感发源于何处，却是众说纷纭，有的说发源于锦州黑山县成立的第一支抗日义勇军，有的说是盘锦盘山建立的最早的抗日根据地，也有的说始于锦西民团歼灭古贺联队的一战。

抗日战争时期，由于中日两国军队的装备和训练的差别，在当时有一个公认的说法，即日本军队总体上优于中国军队，绝非如某些抗日剧那样的演绎。在淞沪会战之中，国民党的一个精锐师，勉强可以抵挡住侵华日军一个联队的进攻，所以，在战场上消灭侵华日军的一个联队，或者击毙一个联队长，都可以看作是一次重大的胜利。

"九一八"事变后仅三个多月，锦西民团就击毙一个侵华日军联队长，这种巨大的胜利对于田汉来说影响很大。那么在他进行《义勇军进行曲》创作之时，一定也融入当时的情感。

在绥中县永安堡乡，由知青自发建造的"辽西义勇军与国歌纪念馆"的资料显示，田汉曾经到锦西义勇军活动过的九门口长城等地采风。联系到锦西民团击毙古贺联队的英雄事绩，歌词中那句"把我们的血肉，筑成我们新的长城"一句，有力地证明了田汉亲临九门口长城抗日前线时产生的创作灵感。

四、树立碑文，传承后世

2005 年 8 月，钢屯抗日纪念碑竣工。整块纪念碑的材质为黑色大理石，由两部分组成，分别是基座和碑身，长 3.3 米，高 2.5 米。整个造型通体直立，意为锦西人民挺拔向上，碑座边沿装饰松枝纹理，象征抗日英雄们如同松树般威武不屈的崇高品格。这里也成了辽西重要的宣传家国情怀的爱国主义教育基地。人们每每到此，都感到热血沸腾、精神振奋，生出无限豪迈之情。

钢屯抗日纪念碑

参考文献:

[1] 赵杰. 国歌的故事[M]. 沈阳:辽宁美术出版社,1999.
[2] 渠长根. 日本侵华思想理论探源[M]. 北京:新华出版社,2009.

兴城清代的历史沿革

明代由于战争的关系,兴城成为军事重镇;到了清代,兴城军事地位减弱,经济地位渐渐突出,成为一处商业地区;在民国时期,兴城逐渐成为交通枢纽。现在的兴城以发展旅游城市为目标,依托古城历史文化氛围开发旅游业。那么,兴城在清代的历史地位如何,有哪些职能,建筑风格又是什么呢?

一、清代之前的兴城

兴城是一座历史悠久的文化古城,位于“辽西走廊”中部,渤海辽东湾西海岸,为历代兵家必争之地。《兴城县志·序》中提到兴城重要的地理位置:“出山海关越绥中有大邑,曰宁远。在明为卫,在清为州。即隋唐之柳城瑞州,金之兴城也。今仍复旧名为兴城县,县治扼山海关口当要塞之卫。其形势实为兵家必争之地,尤足当封函谷关之丸泥。”

谈到函谷关与兴城古城二者地理位置的重要性,可谓是“古有六国叩关而攻秦,今有明军依城以抗清”。历史上的函谷关易守难攻,因在谷中,深险如函而得名,又有“一夫当关,万夫莫开”之说。兴城虽无“一丸泥封函谷关”之险,但它确实对清军入关造成极大困难,其地理位置同样重要。

明代的兴城归属宁远卫,明代为抵御外敌,城防极为坚固,同时又有大量驻军,因此具有很强的军事能力。

二、龙兴之地

“清康熙二年设州东割塔山所地入锦县,西并前屯卫地尽入州,隶奉天府;三年隶广宁府;四年改属锦州府;光绪二十八年,分六股河以西地为绥中县。”光绪三十三年(1907 年),盛京(今沈阳)改为奉天,兴城境地仍为宁远州,隶属奉天省锦州府。

清代统治者作为非汉族入主中原,面临较大挑战,政权极不稳定,于是将龙兴之地——东北地区视为政权之根本。清代皇帝的祭祖活动路线由北京途径辽西走廊到盛京(今沈阳),途中必经过宁远(今兴城),又有皇族经常在此地驻扎游猎,因此宁远城的地位显得尤为重要。

三、商业角色

兴城自明代以来商业较为繁华,但由于战争原因,军事地位占据首位,商业地位便显得不是特别重要了。到了清代尤其经过康乾盛世的发展以后,宁远城相对安定,因而其军事地位逐渐下降,经济与文化发展达到了顶峰。

清朝古城内商业十分发达,从而使十字街成为重要的商业集中地。整个城市尤其是古城区内,即作为交易市场。清末,兴城城内商铺统计如表1所示。

表1 清末兴城城内商铺统计简表

店铺名称	数目	店铺名称	数目	店铺名称	数目
亚细亚火油代销处	1	幸福火油代销处	1	美孚火油代销处	1
纸烟代销处	2	当铺	3	烧锅	2
粮栈	20	酒局	10	绸缎庄	8
钱铺	2	洋广杂货铺	9	洋货铺	11
豆油房	7	果匣铺	16	药铺	8
染房	5	修鞋铺	4	杂货铺	30
鞋铺	6	帽铺	3	估衣铺	3
书铺	3	纸房	2	南纸铺	3
海味店	2	鲜果局	3	茶庄	7
饭馆	9	茶馆	2	首饰店	4
豆腐粉房	24	酱房	4	皮铺	6
铁器铺	6	瓷器铺	5	锡器铺	1
洋铁铺	2	修理钟表铺	2	书匠铺	3
机房	18	肉案	4	煤局	6
梨窨	4	澡堂	1	理发处	8
成衣局	8	烧饼铺	19	客店	8
花店	3	缸铺	4	木铺	7
石印局	3	军衣庄	2	粮车店	7
卤虾铺	6	碾坊	14	镜子铺	5

清末,兴城古城范围约0.66平方千米,内有店铺三百余家,由此可见古城内商业发展到了较为繁盛的程度。当时城内有很多的粮栈和各种店铺,在南门外有骡马市场。又因为兴城地处渤海湾沿岸,有大量的海产品,所以又有海产品市场,南街还有禽类交易市场。

兴城于明代是卫所城市,为抵御外敌所建。到清代,这些卫所城市大多失去了之前的军事意义,进而转型开始发展经济。兴城所处地理位置极为重要,在交通运输、朝贡贸易方面也扮演了重要角色。因有丰厚的历史文化底蕴,又有温泉、首山、海滨、菊花岛作为依托,现在的兴城大力发展旅游业,成为辽宁省内知名的旅游城市。

作为有着丰富历史文物的古城不是冷冰冰的,而是有温度的。古城及古城内的历史遗存不能沉寂,要使其在当地百姓的社会生活及游客旅行的过程中活跃起来。

参考文献:

[1] 顾祖禹.读史方舆纪要[M].上海:上海书店出版社,1998.
[2] 恩麟,王恩士,杨荫芳.中国地方志集成·民国兴城县志[M].南京:凤凰出版社,2006.
[3] 安德才.兴城县志[M].沈阳:辽宁大学出版社,1990.
[4] 佟冬.中国东北史[M].长春:吉林文史出版社,1987.
[5] 王天兰.古城镇保护性旅游开发研究:以兴城古城为例[D].大连:东北财经大学,2010.
[6] 范新宇.兴城古城保护研究[D].哈尔滨:哈尔滨工业大学,2008.

“兴城古城”乡土史校本课程的开发

进入21世纪,随着经济全球化和政治多元化趋势的发展,全球范围内各种思想和文化相互影响。在这样的国际形势下,如何传承中国特色的文化,保持本民族的特色,激发学生爱祖国、爱家乡的情感,是历史教育不可避免的问题。乡土史教学,就是依托学生成长的所处的人文和自然环境,教育学生深入认识自己出生和成长地方的历史和现状,唤起学生对居住环境的关注,进而培养他们爱祖国、爱家乡的价值观。高中历史教师可以从课程资源的多元化、教学方式的多样化、考试方式的创新化等方面入手,积极利用现有资源,开展乡土史教学。同时,面对乡土史教学中出现的一些问题,教师应当不断探索、积极改进,努力推进素质教育的开展。

一、乡土史教学开展的重要意义

距离兴城海滨10千米的兴城古城是现今中国保存最完整的四座明代古城之一,有着580余年的历史。当年明代将领袁崇焕镇守宁远古城,以红夷大炮击溃努尔哈赤百万大军。现在古城墙上仍保留着当年的红夷大炮。兴城古城墙是国家重点文物保护单位,它的历史可远溯到秦汉以前。明天启六年(1626年),清太祖努尔哈赤率十三万大军轻取辽西诸城,但进攻京城必先攻下宁远(即兴城)。当时宁远守将袁崇焕率领不足两万的守军与后金军展开激战,用红夷大炮重创后金军,努尔哈赤身负重伤,引兵而退,于同年8月死去。这就是载入史册的“宁远大捷”。丰富的历史文化资源为我们进行乡土史教学提供了可能性。兴城古城历史上的重大事件、历史人物、民间故事不胜枚举。所有这些,都为我们进一步发掘教学资源提供了基础。

我国著名历史学家章开沅教授曾说过:“爱国主义并非空泛的口号,爱国必先爱家,只有了解家乡的历史和文化,才能热爱它建设它,进而热爱我们的祖国。”他呼吁,“社会各界都要重视乡土教育。尤其是要在中小学广泛开展乡土教学,要让我们的下一代从小就知乡爱乡。”对中学生开展乡土史教育,一方面可以使中学历史课更加生动有趣;另一方面乡土史教育贴近学生的实际生活。此外,还能促进中学生爱国、爱乡教育活动的开展。比如辽西地区著名的“爱国主义教育基地”之一的锦州“塔山阻击战纪念馆”,就是开展乡土历史教学、弘扬爱国主义精神的重要基地。同时作为国家重点风景名胜区,兴城每年接待国内外游客750万人次,旅游综合收入41亿元。重视乡土史的教学,有利于增强兴城地区的历史文化内涵,促进兴城地区历史文化的保护。由此可见,利用乡土资源开设历史探究型课程,具有十分重要的现实意义。

二、乡土史课程资源开发与应用的基本原则

1. 经济适用性原则

在挖掘与使用乡土史课程资源过程中，高中历史教师要充分了解学生的实际情况，研究高中学生学习乡土史课程的可操作性。在开发乡土史课程的过程中，要坚持实事求是原则，从当地教育实际情况出发，结合本地特色，利用现有资源和基础条件，用最少的投入，获得最理想的教学效果。在乡土史课程选材上，要坚持就近取材，不要舍近求远；积极挖掘可提高学生学习兴趣的乡土课程资源，以免加重中学生学习负担。比如，较为发达的地区可充分利用互联网探索历史课程教学的新模式。欠发达的区县、乡村中学可以以当地民间风俗文化作为乡土史教学的重要资源。

2. 科学性原则

科学性原则是指以一定的事实为依据，使所选课题具有实践基础。巴甫洛夫曾说过，事实是“科学家的空气”，没有事实的理论是虚构的。科学研究就是要研究事实，研究客观实际存在的现象。历史教学更是如此，“论从史出，史论结合”是历史教师需要坚持的重要原则。这就要求高中历史教师在进行资料选取时细心甄别，在选取影视资料时，要尽量避免选取文学色彩浓厚、趣味性强的历史史料。同时，在选取历史资源时，要考虑整段历史材料的上下文之间的关系以及全文的内涵，历史材料要坚持以事实为依据，避免断章取义。

3. 思想性原则

乡土史课程资源的开发反映出一定的思想与价值导向，因此，高中历史教师应尽量选取有助于学生全面、客观、辩证地分析乡土历史的资源。乡土史课程高中历史资源要以马克思主义为指导思想，既授予学生科学知识，又对学生进行历史唯物主义思想教育、道德品质教育、公民素养教育和人文素养教育。例如，历史教师在给学生讲解“兴城古城石狮子”这一课时，介绍石狮子的雕琢技艺高超，可以增强学生的审美观，同时也加强学生对明代古城的时代背景的了解。通过这种方法，学生不仅形象地掌握了历史知识，而且有助于学生树立审美观。

4. 目的性原则

乡土史课程中高中历史资源开发指的是实现历史课程目标的有效达成。一般而言，高中历史乡土史课程是高中历史教材的辅导性材料，是对高中历史教材的有效补充。所选取的乡土史课程历史资源要与现有高中历史教材实现有机搭配。高中历史教材是几代历史教育工作者在长期的教学实践中不断摸索出来的，许多历史资料本身就是有益的历史学习资源，能够直观地反映历史问题。如果需要补充乡土历史课程内容，就要研究学生群体现有的知识储备和素质背景，挑选符合学生当前认知水平的历史资源进行重点、难点的讲解，拓宽高中学生的历史思维，激发他们的学习兴趣。

三、乡土史课程资源开发与应用的途径

1. 丰富课程资源，使其多元化

高中历史课程改革强调在教学过程中必须以学生发展为本，构建以生活为基础，以学

科为支撑的课程模块，注重课程实施的实践性和开放性。相关的国家课程、地方课程以及校本课程的建设，应充分利用当地和学校的课程资源优势，促进学生多样化的发展。当前，我们需要强化课程资源意识，提高课程资源的教学水平，特色性地开发和利用各种课程资源，力争实现高中历史课程改革目标。关于如何利用当地历史资源，更好地开发乡土史教学，可以借鉴兴城第二高级中学在开发乡土史课程资源方面的一些经验：一是利用网络资源，收集兴城古城的有关历史；二是充分利用兴城博物馆、图书馆等的馆藏资源，更好地为教学服务；三是兴城古城拥有数量众多的古代城楼、民房建筑、城隍庙、文庙、将军府等人文景观，有助于学生亲身感受乡土历史文化。

2. 完善教学方式，使其多样化

采用科学合理的教学组织形式有利于提高教学工作的效率，并使种种有效的教学方法及手段得以在相应的教学组织形式中应用。将不同的教学方法及手段运用于相应的教学组织形式中，可以充分发挥其效用。合理的教学组织形式有利于活动的多样化，满足不同学生的不同学习要求，从而实现教学的个性化。利用个性化学习的教学组织形式进行教学，有利于培养学生的自主学习能力，也有利于教师对学生进行个性化指导。如何才能做到高中历史教学形式多样化？本文认为有以下几点需要注意：在历史课堂教学中融入乡土历史的内容。如在讲授高中历史课程中“明代的建立和专制统治的加强”这一课时，就会介绍兴城城隍庙的历史，让学生认识到城隍庙在“加强明代统治”中的重要性，也让学生更好地理解明代开国皇帝朱元璋是如何巩固统治、加强社会治理的。这种结合本土历史资源进行授课的方式既可以增加历史课堂的趣味性，又可以增强学生对家乡的自豪感。同时，可以定期组织学生参观兴城古城遗址，开展社会调查，撰写调研报告。或者让学生到附近的历史博物馆、图书馆收集一些相关历史材料，撰写小论文、考察报告等，引导学生将抽象的历史概念与具体的历史实物结合起来，从而让学生真切体会到历史就在身边，达到良好的教学效果。

3. 创新考试方式，使其新颖化

普通高中历史课程的设计强调通过历史教学评价的改进，形成以评价学生综合素质为目标的评价体系，全面实现历史教学评价的功能。在这样的背景下，改革考试的内容与考试的方式是一种发展趋势。而乡土史本身所具有的一些优势，将有助于改革的实现。在历史课程考试中，可以带领学生参观当地历史文化胜地，比如兴城古城的城楼、炮台、文庙、将军府等，以便让学生解读兴城在明代时期于军事上的重要地位，得出自己的若干结论。这种非笔试的考试方式着重考查学生的观察能力和解决实际问题的能力，通过学生的观察、思考，真正实现新课程改革培养学生综合素质的要求。这种创新的考试方式会大大激发学生学习历史的兴趣。

四、乡土史课程资源开发的几点建议

2017 年 10 月 18 日，中国共产党第十九次全国代表大会上，习近平总书记提出，要全面贯彻党的教育方针，落实立德树人根本任务，发展素质教育，推进教育公平，培养德智体美全面发展的社会主义建设者和接班人。报告中多次强调素质教育的重要性,把提高学生的素质教育摆在了重要地位。根据会议精神,笔者结合过往编写乡土历史教材的经验和教训,为今后乡土史课程资源开发提出如下三点建议。

1. 坚持高中历史核心素养培养目标

参照过往,在向学生传授乡土史知识和开展热爱家乡的情感教育两个目标基础上,乡土历史教学要着力提高学生历史学科核心素养教学目标,以提升学生综合素质为培养目标,将党的十九大关于发展素质教育的要求具体落到实处。

2. 坚持乡土史教材与必修教材培养目标的一致性

开展乡土史教学,不仅可以提高学生的综合素质,而且在课程目标上,乡土史教材与必修教材有着较多的相同点,乡土史教材对必修教材可以起到很好的补充作用。但乡土史由于定位于历史探究型课程,其自身具有独特的目标。历史教师在选择乡土史教学内容时,应尽量与必修教材课堂教学目标一致,要对乡土史教材内容进行归纳概括,避免出现本末倒置。

3. 坚持处理好主要教学任务与校本课程之间的关系

探索开发乡土史校本课程需要付出大量的人力、物力及精力,对高中历史教师提出了较高的要求。在做好课堂必修教材的授课的基础上,需要兼顾做好乡土史教材的探索开发。由于开发校本课程需要占用教师大量的精力,有时会出现主要教学任务和校本课程之间相矛盾等情况,在一定程度上对乡土史课程的开发产生一些影响。因此,如何平衡主要教学任务和校本课程之间的关系,成为高中历史教师必然面对的一个难题。

以上是笔者在探索开发乡土史课程过程中遇到的一些问题及建议。此外,在开发乡土史教材中还会出现其他问题,这需要我们历史教育工作者坚定信心、大胆尝试、细心求证,积极克服遇到的各种问题,不断探索适合学生发展的乡土史课程,促进学生综合素质的全面提高。

参考文献:

[1] 安德才. 兴城县志[M]. 沈阳:辽宁大学出版社,1990.
[2] 兴城市地方志编纂委员会. 兴城市志[M]. 北京:方志出版社,2014.
[3] 王天兰. 古城镇保护性旅游开发研究:以兴城古城为例[D]. 大连:东北财经大学,2010.
[4] 范新宇. 兴城古城保护研究[D]. 哈尔滨:哈尔滨工业大学,2008.
[5] 朱凌. 清代柳条边外城镇类型与发展模式研究[D]. 长春:东北师范大学,2004.
[6] 薛亚湘. 浅谈高中历史校本课程的开发[J]. 新课程,2010(7):99-100.
[7] 赵大伟. 陕西定边中学历史学科校本课程开发研究[D]. 西安:陕西师范大学,2012.

明末边城

——宁远卫

元朝灭亡后,东北地区仍然有元朝残余势力盘踞。为恢复生产,发展经济,管理边疆,明朝统治者在接收辽东地区后,逐步取消原有的州县制,实行卫所制,置定辽卫于辽阳。宁远卫也就是现在的兴城自此纳入大明王朝。宁远卫因何而建?与努尔哈赤和皇太极父子有何渊源?让我们一起走进明朝末期战火中的宁远卫城。

一、宁远卫之由来

辽东作为边疆地区,位置险要,边事繁杂。为了有效管控辽东,1395 年,明朝统治者用卫所制取代辽东州县制,设辽东都指挥使司(简称辽东都司)下辖 25 个卫和 2 个州。宁远卫是辽东都司 25 个卫中建立最晚的,这里依山傍海,是连接山海关和辽西军事重镇广宁卫(今锦州北镇市)的要地。因此,明宣德三年(1428 年),辽东总兵巫凯、都御史包怀德请示皇帝在此建卫并筑宁远城。次年,宁远城修筑完毕,即为今天的兴城古城。

宁远卫北部地区不断地遭到来自元朝残余势力的侵扰,明正统七年(1442 年)后逐渐增建了边墙及烽火台以辅助军事战斗。朝廷遂任命蒙古族官员焦礼镇守宁远,以打击蒙古兀良哈部骑兵,焦礼在此驻守三十余年,忠军爱民,发展生产,保宁远卫一方安宁。

二、宁远卫之发展

可以说,建卫之初宁远卫就担负起了保卫国家,抗击元朝残余势力入侵的重任,是明代关外防御体系的重要组成部分,宁远因地理位置优越而建,自然资源同样成为宁远卫发展的重要条件。

宁远卫东临渤海,盛产海盐,朝廷在卫址西南二十五里处设立盐场百余处,宁远卫曾一年就向国家交纳额盐二十万九十二斛。

宁远卫附近有温泉。《兴城县志》记载明崇祯八年(1635 年),在温泉附近修建了汤泉寺,寺院三座相连,共有房屋三十余间,其中有浴室八间。

辽东地区的卫所由于纳入明朝统治较晚,儒学建设较其他地区也相应推后许多。但宁远卫由于建卫时间略晚,反倒实现了建卫与儒学建设的同步进行。明景泰年间,宁远卫就供奉起孔子像,即为文庙,是卫城的文化中心。宁远卫培养了一批人才,包括官至南京刑部尚书的陈寿等人。不过,据《全辽志》记载,宁远卫地区普遍“负气自喜,务农讲武”,在地域文化中“尚武”成分比重更大。

在祖氏牌坊建成的一百多年前，宁远城中曾有过三座牌坊，同为一人所建，这个人就是陈寿。陈寿祖籍江西，少时家境拮据，但其刻苦攻读，于成华元年通过乡试，考中举人，后又顺利通过殿试，考中进士，后举家迁至宁远戍边。陈寿是宁远卫建城以来唯一一个参加过殿试的人，也是明代第一位出身军户考取功名的学子。宁远卫的乡亲们为嘉勉他，修建了举人坊、进士坊。陈寿历经四十余年的官场沉浮在花甲之年领兵抗元，他为官清廉，虽后来因得罪权贵下狱、被贬，也能不忘本心。

1515 年，陈寿因年事已高本请求辞官休养，朝廷不允，反而为表示对他的肯定，升任其为南京刑部尚书。春秋时期的刑官官名为大司寇，孔子曾担任鲁国大司寇，陈寿平生十分推崇孔子，于是，宁远卫城又为他建起了第三道牌坊——大司寇坊。遗憾的是，这几个牌坊皆为木质，几经战乱被毁弃无存。

三、宁远卫之战

1622 年，努尔哈赤率后金兵大举南侵，连克重镇，广宁一战大败明军，夺取广宁卫（今北镇市）。消息传至朝廷“明帝震惊，廷臣惶恐”，此时，朝中多数官员怯战，主张放弃关外，退守山海关。时任兵部职方司主事的袁崇焕自荐前往关外抗金。他考察近十年明军与后金军交战的情况，以坚守城池，待机而动为战略，强调“保关内，必守关外，保关外，必守宁远”。1568 年，宁远城曾因地震崩塌，朝廷昏庸腐败，宁远卫的边务废弛。1623 年，袁崇焕主张重修宁远城，兵民合力，历时一年，宁远卫城重修竣工，也就是现在的兴城古城。

明代初期，辽东军粮来自江南、山东等地，主要依靠海运，十分不便。袁崇焕为保证地区的军事供给，采用屯田法，令军士开荒种地，屯田储粮。至明天启五年（1625 年），召回流散的辽民十多万人，征募辽兵三万人，增强了防御力量，稳定地方安定，这都为后来抗金斗争的两次胜利奠定了坚实的基础。

《明史》记载，由于之前擅长与后金作战的辽东经略使孙承宗遭人排挤被罢官，新上任的高第怯懦惧战，努尔哈赤认为到了进攻辽东的好时机。高第察觉到努尔哈赤必南下攻辽，未及后金出征，率先放弃关外，下令将锦州、右屯卫、大凌河卫等城守军一律撤回关内，仓皇中还丢下了大量军粮。袁崇焕拒绝撤回，并言：“我是宁前道，便守卫在此，宁死不退。”

高第的作战安排，使之前建设的宁锦防线形同虚设，客观上使努尔哈赤的南下进程大大加快，如入无人之境。1626 年初，努尔哈赤亲率十三万大军直奔宁远而来，企图攻下宁锦一线，占领山海关，南下逼近北京城。袁崇焕派人向高第告急，但高第拒不发兵相助，宁远卫前无屏障，后无援军，彻底变成了孤军奋战。此时，城内不足二万人马，袁崇焕命令满桂、左辅、祖大寿、朱梅分守东西南北城墙，自己坐镇于城中钟鼓楼及四城巡查；将当时明代最先进的武器十一门红夷大炮分架城墙各处，备足弹药，严阵以待。1626 年正月二十三日至二十五日，宁远卫明军与后金官兵展开生死之战，袁崇焕亲自指挥红夷大炮，其中一炮“伤及一大头目”，后金兵旋即后撤，战后才知道是主帅努尔哈赤受伤了，由于努尔哈赤炮伤加重，后金没能攻下宁远卫城就撤退了。

正月二十三日，努尔哈赤在宁远城外隔护城河安营扎寨，但遭到大炮攻击，便转移至城西。

正月二十四日，后金士兵推楯车，挂钩梯，发起正面攻城战斗。宁远守军迅速反击，箭如雨发，推落滚石，将爬墙而上的后金士兵纷纷阻挡在城外。后金士兵转而凿墙，寻求突破，袁崇焕亲临作战一线，指挥士兵火攻凿墙的金兵，此时一剑射在他左臂上，袁崇焕拔箭继续战斗。

正月二十五日，后金士兵发起更大规模的冲击，红夷大炮发威，炮击努尔哈赤，伤其主将。当晚，三万后金铁骑便转攻防备薄弱的屯粮之地——觉华岛，岛上水军不擅陆战，加之驻军人数少，岛上商民七千多人被屠杀，大量粮食被焚毁，大批船只也无幸免。

正月二十六日，后金士兵继续进攻宁远卫城，并未取得实质性的战斗成果，努尔哈赤的伤情加重，遂撤兵。

宁远之战的捷报传至朝廷，朝廷上下振奋鼓舞，百姓欢喜沸腾。明天启帝下旨升任袁崇焕为兵部尚书兼右都御史，巡抚辽东。宁远保卫战的胜利也使辽东边关小城宁远卫一战成名，明军守城有功，大胜后金军，有功之臣得到升迁，众将士都各有晋升和封赏。

袁崇焕画像

辽东经略使孙承宗在任时协同袁崇焕利用辽西走廊诸多卫所建立起一道辽西军事防御系统。宁远大捷之后，袁崇焕继续抓紧抢修宁锦防线。

宁锦防线，以锦州为先锋要塞，宁远为中坚，山海关为后盾中枢，其间中前、前屯、中后、中右、中左、大小凌河诸城，又以所城、台堡做联络，依山就海，盘踞险要；配以步、骑、车、锋、水营诸兵种，置火炮守护；备粮马兵械，聚民屯田，以民养战。各城之间相互联合，从而形成沿关外辽西走廊上，纵深四百里①的一道军事防御体系，遏制后金军南进，保卫辽西，驻防宁远，拱卫京师。

天启七年即天聪元年(1627 年)五月初六日，皇太极领兵出征辽东，剑指锦州。后金士兵抵达锦州后，便在外扎营围城。此时锦州防务由赵率教及太监纪用兼管，他们为拖延时间先与后金议和，后来袁崇焕派兵增援，半路受到后金阻击，未到锦州便折返而回。

皇太极召后金援兵继续包围锦州，亲自率兵进攻宁远。袁崇焕亲自镇守宁远，将精锐部署在城东，由总兵满桂与副将尤世威、祖大寿带兵直接正面迎敌。由于宁远城上炮火猛烈，占据地形优势，后金官兵几番进攻都未能成功拿下城门，甚至无法靠近城池。正值宁远战况激烈，锦州的明代军队开城从后方进攻后金军队，前后夹击之下，皇太极停止进攻，无奈撤回锦州。锦州守军依靠火炮坚守城门，皇太极率领的后金士兵死伤众多。六月初五日，皇太极从锦州撤军。

① 1 里 =500 米。

宁锦之战,明军大胜,史称“宁锦大捷”。

“一座宁远城,半部明清史”,明代的宁远卫充分发挥军事重镇的职能,为“大明王朝”抵挡后金强攻,宁远大捷更是作为历史上以少胜多的著名战例,被记入史册。两场波澜壮阔的军事战争使宁远卫扬名全国,也使兴城成为历史名城。历经战火洗礼的古城记载着兴城的过去,它屹立于当代的伟岸雄姿更是兴城儿女的骄傲。

参考文献:

[1] 张士尊.明代辽东边疆研究[M].长春:吉林人民出版社,2002.

[2] 杨枎.明代辽东都司[M].郑州:中州古籍出版社,1988年.

[3] 张士尊.明代辽东书院述略[J].鞍山:鞍山师范学院学报,2009,11(5):32-36.

[4] 杨聪聪.明代辽东的边备建设[J].经济研究导刊,2010(18):233-234.

[5] 时仁达.明代辽东驿递的日常运作与演变[J].边疆经济与文化,2012(4):166-168.

从兴城特色民俗窥探历史

辽宁省兴城市，有我国现存最完整的四大古都之一的兴城古城，兴建于明代，至今已有五百多年的历史，也是我国现存最完整的明代古城。在城内南门大街有两座石牌坊，古城进城的第一道牌楼，是祖大寿的祖氏牌楼。祖大寿原来是袁崇焕手下的大将，在宁远保卫战、宁锦大捷、北京保卫战中都立下了汗马功劳，是一代名将。历史上祖氏牌楼本不在古城中，后因朱由检为表彰其抗清功劳，默许其自行建立的牌坊，目前保存的是按其原样重建的。“明代一条街”的祖大寿石牌坊东南侧分别立有六个石狮子，每年正月十五元宵节，兴城市百姓有着独一无二的春节习俗，就是“摸狮子”。

正月十五摸狮子

每年到了正月十五，兴城古城便会举办灯会，琳琅满目的花灯绚丽多姿，流光溢彩，为古城披上节日的盛装。城里城外的人们前来赏花灯的同时，纷纷来摸石狮子，人头攒动，涌动如潮，场面非常壮观。为什么会有这样的习俗呢？相传，祖氏石坊的一只石狮子因为偷吃了附近磨坊里的豆腐，嘴巴被人打掉了一半。有位好心的老太太见石狮子很可怜，便每日给它抚摩伤口。石狮子为了报恩，便托梦给老太太，告诉她如果身上哪个部位疼痛，就在正月十五晚上来摸石狮子的相同部位，病痛就会消除。老太太照此去做，果然灵验。从此，一传十，十传百，便形成了正月十五摸狮子的习俗。每到正月十五，古城内张灯结彩，城内外的居民纷纷赶来摸石狮子。

南坊建于明崇祯四年(1631 年)，系为祖大寿而立，名为“忠贞胆智”坊，因其有倒塌的危险，1969 年暂时拆除，1988 年原样重建。石坊为四柱三间五楼式、单檐虎殿顶。坊额竖匾上刻有“玉音”二字。主楼下面有匾额字板三层，南面上层匾额刻有“忠贞胆智”，北面上层匾额刻有“廓清之烈”；南北两面中层匾额同刻有“四世元戎少傅”，“四世元戎”是指祖家四世为将。第二座石牌坊东面石狮子的上颚缺了一块，形成了一个黑乎乎的豁口，就是传说中偷吃豆腐的狮子。

兴城是一座历史积淀厚重的城市，每一块青砖上都有它的历史。为什么这些习俗传承不衰呢？我认为有以下几方面原因。

头道牌楼

二道牌楼

第一，祖氏石坊雕刻精美，石坊上雕刻有双龙、骏骑出征图、侍从图，还有人物、花卉、海兽等图案，具有较高的艺术观赏价值，值得加以保留。第二，我国历史上所发生的各民族统一战争是个比较的复杂的问题，不能简单地站在其中某一民族的立场上来判断是非，尤其是清兵入关统一全国后，满族与汉族之间民族融合大大加快，其后“康乾盛世”的出现，使人们心目中满汉之间的界线日渐模糊。第三，人们对祖氏兄弟被迫降清，抱有很大的同情心。祖大寿是一员猛将，镇守边关屡立战功，由游击将军升任总兵。崇祯皇帝登基时，明朝处于垂亡之际，他虽想力挽狂澜，挽救明室，但当清军因无法战胜袁崇焕而使用反间计时，他轻而易举地中计上当，将抗敌立下大功的袁崇焕逮捕下狱。作为袁崇焕前部先锋官的祖大寿非常清楚袁崇焕是被冤屈的。但是由于崇祯皇帝极为多疑且刚愎自用，祖大寿“在旁股慄，惧并诛”，根本不敢为袁崇焕辩白。随后，祖大寿就与副将何可纲出宫，率军东归，且毁山海关，使朝廷震恐。于是，崇祯帝便逼迫袁崇焕手书召抚祖大寿，又亲自密令祖大寿“上章自列，且立功赎督师(袁崇焕)罪”。祖大寿听信了崇祯皇帝的话，于明崇祯三年(1630 年)五月，击退了包围东京的后金军队，解了东京之围，迫使后金遣书议和。然而，崇祯皇帝出尔反尔，并未兑现前面对祖大寿所做的“立功赎督师罪”的诺言，在后金兵撤离后，于明崇祯三年(1630 年)七月，竟用最残酷的极刑杀害了袁崇焕。祖大寿本拟立功赎袁崇焕以报恩，岂知不仅未能为袁崇焕“赎罪”，反而加速了袁崇焕的极刑，这使祖大寿痛心之极，也使他对崇祯皇帝寒心。正因为有了这个极其惨痛的教训，当明崇祯十五年(1642 年)十二月祖大寿守锦州粮尽援绝，乃至城内人相食的惨境，“大寿战守计穷”时，他终于下决心离弃了崇祯皇帝，归降了清朝。

一座宁远城，半部明清史。今天的兴城即为兴盛之城，承载厚重的历史，这里的人们带着美好的愿望走向幸福的明天。

参考文献：

[1] 赵颖，盖尚铎，崔作军. 兴城民间故事精选[M]. 香港：中国文化出版社，2003

[2] 常德义，陈国章，张恺新. 兴城历史人物[M]. 长春：吉林文史出版社，2003.

绥中篇

绥中县城的古往今来

绥中县城，其雏形形成于明代初期，曾称杏林堡数十年，称中后所四百多年，称绥中县城百余年。五百年间，它经历了从屯兵城堡到民居商贸城镇的转变，从衙署官绅的庇护地到本地区农业、工业、商业与百姓安居地的转变，最终实现从封闭落后的城镇向现代化城市的跨越，这是从功能、规模到性质的深刻变化。

一、古城记忆

绥中城，孕育在农耕文明与游牧、渔猎文明的博弈与融合中，诞生在明代防御入侵，实行军事防御方针和屯田制度的过程中。

它原是建于六股河右岸的一座小型屯兵城，名“杏林堡”。明宣德三年(1428 年)，辽东总兵官巫凯、都御史包怀德请准，在杏林堡址修筑新城。中后所城“周围三里六十九步，高三丈[①]。池深一丈，阔二丈，周围四里三百步。城门有二座”。在明两百多年间，中后所城经历了上千次血与火的考验。

清代初期，满、汉旗军及随军眷属在此驻扎，随后大批吉林和黑龙江的满族人和临近省份奉诏开垦的汉人陆续在此定居。清乾隆初年又有回族人从河北等省迁入落户，于是绥中城及郊区成为多民族杂居的地区。不同民族带来的不同生产技术与习俗在这里交流融合，来自内蒙古草原、松辽平原的物资在这里汇集中转分运。在此期间，绥中城人口增加，商铺、作坊初具规模，经济发展，社会相对稳定，“拉不败的中后所，填不满的山海关”这一谚语也是在这样的社会背景下产生的。

清光绪二十六年(1900 年)闰八月，八国联军在秦皇岛登陆，沿铁路向关外进军，在前所、前卫及中后所火车站驻扎。土匪乘机掠夺城镇，外患内忧，民不聊生。宁远知州赵臣翼鉴于宁远至山海关地方辽阔，鞭长莫及，为加强治理，呈文请求增县设治。盛京将军增祺接文上奏清廷，“拟奉(天)省应行建治，添官节略”“拟于适中之中后所地方添设一县，名日绥中县”。清光绪二十八年六月初一日(1902 年 7 月 5 日)，清廷批准设绥中县。8 月 13 日试办知县到任，联军退出。

县取名绥中，出于求安靖平。绥，即安抚绥靖也是“福禄绥之”之意；中，即县治在中后所。“绥中”乃永远安宁的中后所之意。“绥中”这一称谓，表达了人民对和平稳定的渴望。

铁路通车，加强了绥中货物集散地的地位，随后设县强化治理，警察、税务等机构，邮局

---

① 1 丈 =10/3 米

等设施，商会等社团及官立小学堂等陆续建立，县治的功能逐步完善。绥中县城向现代文明起步前行。清光绪三十三年(1907 年)，知县周士藻修建县城南门楼，悬“关外第一县”匾额于其上。于是南门楼成为县城标志性建筑，“关外第一县”的称号，声名远扬关内外。

文明进步，总是与苦难相伴而行。20 世纪 30 年代日本侵略者打乱了中国社会进步的进程，政治奴役，思想摧残，经济掠夺，使绥中古城陷入苦难深渊。南门楼上“关外第一县”匾额被具有奴化色彩的“作新民”“宸极来绥”匾额取代，高高的城墙成为禁锢民众的牢笼。20 世纪 40 年代后期，戒严设岗，物价飞涨，导致人心惶惶，威严的城门成为限制自由脚步的关口。

革命潮流不可阻挡。1945 年 8 月 31 日，八路军收复了沦陷 14 年的绥中城。1948 年 9 月 28 日，人民解放军解放了绥中城，绥中古城浴火重生。

重温古城历史，犹如打开一幅人文地图，人民摆脱苦难、创造文明的精神在其中，古城的历史文化脉络在其中。建设现代化城镇，就是延续这种传统精神，延续这种不断创造进取的历史。

二、新城记忆

绥中县城于 1948 年秋解放，20 世纪 50 年代初期，城墙、城门被拆除，传统意义上的“城”不复存在。随后，开展社会主义经济建设，街道在延伸，政府部门、学校、商铺、工厂在增加。但是，30 年间发展较慢，依旧是窄街土路，依旧是平房小院落，几万人一座医院，一个单位一部电话，工厂挤在居民区，下午 5 点钟以后再没有营业的商店、饭店……严格说，这不是现代意义的新城，绥中新城要靠改革开放、发展经济催生。

20 世纪 90 年代党政机关转变职能、更新观念。办公楼拆墙重建，临街开放，全县城绿地增多，白天花团锦簇，夜晚灯火通明，一片和谐兴旺景象。进入 21 世纪后，城市建设有了新的飞越。十多层甚至二十多层的大厦拔地而起，绥中城高楼林立，一个个功能齐全的高档小区投入使用，缩小了绥中县与大中城市的差距。

四十多年来，绥中县委、县政府高瞻远瞩，大力发展经济，切实关注民生，殚精竭虑，精心构建最适宜生存发展环境，在城市交通通信、商贸服务、文化教育、卫生保健、休闲娱乐等方面进行科学规划，加大投入，城市基础设施逐渐完备，城市功能日臻完善。

当你徜徉在绥中街头，看到亮化、美化、绿化、净化的街道，一种清新、亮丽的气氛包围着你；当你游走于鑫阳家园、安居佳苑等小区，那新颖的外观、合理的布局、园林式风格、配套的功能挥洒着时代的流光与气魄，让你深深陶醉；当你登上高层，俯瞰城区及周边，那古银杏、古槐树点点绿色，那清真寺高高翘起的檐角，那六股河湿地聚集的鸥鹭，那大台山“烟台晚照”的沉重情结，它们相伴相生，共同酿造出绥中新城的气质与文化品位。

绥中城的地势北部高而起伏，南部低平开阔，抱河岭、羊奶山东西扶持，六股河、王宝河汇流奔海。山环水抱，藏风聚气，得天独厚。新的绥中县城“南延东扩”的规划已出台，新城将有更新更高的发展。新城记忆，我们可以有更多期待。

三、生活记忆

衣、食、住、行是人们物质生活的基本构成元素;通过服饰品位、饮食结构、居住条件、出行方式等方面的变化,可以清晰、真切地感受到社会的发展进步和人们物质生活水准的提高。

衣,从单一到多样的变化。

从绥中城解放那天起,人们渐渐淘汰了土布的“撅肚子棉袄抿裆裤”,蓝色、灰色、黑色织布的列宁服、中山装、劳保服。改革开放四十多年来,风俗习惯大变。服装鞋帽的品种、面料、样式、色彩等随着人们需求的改变而实现品牌化、高档化和时尚化,尤其是妇女儿童的服饰花样多、变换快已成为城镇一道亮丽的风景线。这是从追求实用性到追求个性美的变化。

食,从匮乏到丰富的变化。

20 世纪 50 年代末到 80 年代初物资匮乏,实行粮、油、鱼、肉、蛋、糖等食品定量供应,酒水饮料成为奢侈品,细粮、鱼肉蛋只在节日和待客的餐桌上才能见到。随着经济的发展,定量制度取消,人们基本可以尽享美食美味。进入 21 世纪,绥中人的饮食结构又在悄悄改变,人们渐渐远离高脂肪、高糖和精粉细米,小米、玉米等粗粮又回到餐桌,豆腐、山野菜成为新宠。这是从吃饱到吃好,从追求吃好到追求营养均衡、吃出健康的饮食变化。

住,从简陋到舒适的变化。

绥中传统民居是沿用数百年的囤顶平房和火炕。从 20 世纪七八十年代开始,经历了火炉取暖做饭的土楼,到使用暖气、罐装煤气的多层楼房,再到使用暖气、电梯、管道煤气的高层楼房几个阶段。现在的住房卧室、起居室、客厅、厨房、书房及卫生间等布局合理,功能细化,从装修到家具的选用,尽展个性及现代理念。

行,从艰难到便捷的变化。

20 世纪 50 年代,绥中没有机动车,街上可以看到四轮载客马车和两轮载货的畜力车,步行上街、上班、上学是常态距离远的可以坐火车。20 世纪 60 年代到 80 年代,街道上自行车如流;市内公交仍是畜力车、人力车和机动车混行状态。现在,公交车线路延伸到城镇的每一条街,乘电动车、打出租车、自驾出行,已成为常态。在步行道上悠然漫步,变成一些人消闲或健身的活动。

衣、食、住、行的不断改善,说明绥中城走向富裕,迈入现代化,这光鲜的物质存在,将是绥中城抹不去的记忆。繁荣富裕之下,有政府对人们生态的关注,还有人们对舒适、时尚、健康的追求,这应是绥中城更为深刻的感受。

它最温馨的,是数百年来汉、满、回各族人民对它的经营与呵护。它最让游子魂牵梦萦的,是那店铺鳞次栉比的窄窄街道,独门独户的四合院和辽西特有的囤顶平房;还有节日的秧歌、灯会,沿街叫卖的清真小吃,还有那些树龄仅次于城龄的银杏村……正是这些,常常唤醒关于“家”的记忆。

它最让当地居民感到骄傲的,是改革开放四十多年来的发展进步。车水马龙的街道,林立的高楼，摆放着琳琅满目的商品的购物中心，现代化的交通、通信、医疗、文化、教育和体育等公共设施，这些尽展城市人性化魅力，让人们安享舒畅与充裕。历史传承与生态建设成果交织，特殊的地域气质与浓重的人文情怀融合，形成宝贵的城市文化。

百味绥中

地处山海关外,扼守东北门户的小城绥中是中原文化和塞外文化聚焦碰撞的前沿和要冲,历经岁月的沉淀。俗话说“一方水土养育一方人”,绥中县丰富的物产、四季分明的气候以及纯朴的民风造就了绥中县包容开放、幽默乐观、热情好客的人文环境。美食是地域文化的缩影,本文将从地域文化出发向大家介绍富有地方特色的绥中美食,从而展现绥中的人文风采和魅力。

一、年的味道

和中国所有的地区一样,年是绥中人最为重视的节日。腊八开始,大家都着手准备着过年的食材,其中金黄的黏豆包和肥美的鲜猪肉是这个时候的主打美食。相信没有哪个地方的豆包会像绥中豆包这样,做的热闹、带有人情味儿。首先是选材上,人们会精选上好的当地黄米或高粱米碾成面,用爬豆或是红小豆做馅儿,洗米后沥干水分、筛面和面、入缸发酵,蒸好馅儿后由长相俊美的小媳妇儿们包入发酵好的面皮儿中,男人们架起蒸锅将包好的豆包整齐地排列其中,孩子们围在锅旁焦急地等待,可谓是全村总动员,邻里间建立起深厚的友谊。蒸好的黏豆包放入户外的大缸中储存,东北得天独厚的气候条件为这些金黄色的小精灵提供了天然的储存空间,冻好的黏豆包可以自己留着慢慢食用,还可以当作礼品馈送,既满足了自己的味蕾,也能够作为走亲访友的伴手礼,一举多得。

杀年猪也是绥中人过年的大事儿,家里养猪的农户会请来当地知名的杀猪能手掌刀,街坊邻里会来协助帮忙,猪身上的宝贝会被分门别类地收拾出来。妇女们会精选猪身上的“下水”(内脏)配上早已腌渍好的东北酸菜放入大锅中炖,俗称“杀猪菜”。香味儿四溢的杀猪菜端上桌来的瞬间能够驱赶一天的疲惫,大家推杯换盏情谊浓浓,言语间表达了对新年的祈祷和向往。

大年初七俗称“人的日子”,家家户户都会吃豆腐,绥中人特别钟爱的是颇负盛名的水豆腐。为什么叫水豆腐呢?主要是源于它的加工工艺,水豆腐的制作关键就是水,要精选甘甜纯净的井水才能够制成鲜嫩爽滑的豆腐,如果水质不好,豆腐的颜色就会发黄或者发黑,影响卖相和食欲;其次是黄豆,精选最均匀最新鲜的黄豆用井水泡发,有方便条件的农户会把泡发好的黄豆送进毛驴拉的石磨中去,没有石磨的家庭采用现代的磨具——电磨,味道虽然稍有逊色,但也不失为一种简单快捷的方法。俗话说“卤水点豆腐,一物降一物”,做豆腐最不可少的便是卤水,点卤水的人必须是有经验的人,一点一点地滴进豆浆当中,不能多也不能少,不能急也不能慢,而且必须要均匀,这样制成的豆腐才能不老,晶莹透亮。

吃水豆腐的配菜也很有说法，绥中人吃水豆腐喜欢搭食蒜末、韭菜花、辣椒油、香菜叶、腐乳汁和臭豆腐汁，主食主要搭配高粱米，既吃出了美味也吃出了健康。绥中的大街小巷遍布水豆腐店，各有特色，每个绥中人的心中都有他钟爱的豆腐店。隔三岔五和家人或好友相聚在一起吃一顿健康的美食，心里有说不出的满足。小豆腐也是绥中的特色小吃，它是将豆子炒熟以后磨成豆浆，放入锅中加入青菜煮沸食用，现在常见的是花生小豆腐，主要原料是用花生代替黄豆，花生小豆腐营养美味，配上以酱油为主的小料，香味儿很是独特，深受老百姓的喜爱。科学表明，豆制品能够降低心脑血管发病率，而且有抗衰老、抗癌、美白肌肤的功效，因而在崇尚养生的今天，豆腐越来越受欢迎，过去它是老年人的爱食，现在也逐渐成为年轻人餐桌上的宠儿，正所谓“绥中好，豆腐十分娇，笊篱盆上俏，蒜末酱汁绕，口齿芳香道”。

美食豆腐

二、特色小吃

绥中每年都会向全国各地输送学子数万人，这些学子奔赴各地求学，他们最怀念的家乡美食便是绥中的冷面。冷面原是朝鲜族很有名气的美食之一，讲究的是凉食，要的是酸爽。而绥中的冷面经过改良，更加符合中国东北人的口味儿，夏天有凉汤冷面，冬天可食用热汤，总之一年四季，绥中人最常吃的小吃便是冷面。绥中最繁华的地段是肖家商业区，在热闹的肖家商业区有一条街，里面都是做冷面的小馆子，不要小看这些小馆子，去吃冷面的人总是络绎不绝，有吃凉汤面的，有吃热汤面的，有要酸甜口儿的，有要酸辣味儿的，这里门庭若市、热闹非凡。其实冷面的做法并不难，泡发好的冷面放入绥中风味儿的辣白菜、孜然粉、芝麻酱、绵砂糖、香菜末、白醋、香油，浇上熬制很久的大骨汤便可以食用了，可就是这样质朴的小吃成了所有绥中人心中牵挂的美食，不管是外出务工还是外出求学，常年在外的绥中人回到家的第一件事儿，是要吃上一份儿冷面，一解思乡之情。

特色冷面

三、南北风情

能解乡情的美食除了绥中冷面以外，还有绥中的海鲜。绥中南临渤海，海岸线绵长并拥有优良的港湾，渔民们以此为依托在海上寻找生活的希望。绥中的海产品以新鲜为特点，春秋两季是吃海鲜的最佳季节，最值得推荐的是梭子蟹。梭子蟹个头大，形状为扁椭圆，两侧有突出的尖儿，蟹钳细长并布满斑点，是北方特有的螃蟹品种，其肉质肥美、紧致，而且营养丰富，可以补充人体所需的各种微量元素。除了梭子蟹还有像皮皮虾、扇贝、海螺、八爪鱼也是绥中人餐桌上常见的海鲜。每天早上天不亮便有大车、小车集中在港口前，等待出海回来的大船，人们会把最新鲜、最优质的海鲜产品第一时间输送到全国各地，当然也送到了绥中人的餐桌上。绥中县沿海地区大大小小的养殖基地、海产品加工基地数以千计，所养殖和加工的产品远销海外，成了绥中县经济发展的龙头产业，为绥中县的经济发展做出了卓越的贡献。

绥中海产品

俗话说“靠山吃山，靠海吃海”，绥中是一个依山傍海的宝地，北部山区也有丰富的物产，其中最有名气的便是绥中白梨。白梨的品种多样，最负盛名的是秋白梨，原产于燕山一带，一般生长在山区阳坡沙壤土里，在秋子沟乡、明水乡、黄家乡一带最老的梨树年龄已有三百多年。绥中白梨营养丰富，甜脆多汁，经过绥中劳动人民的长期改良，越来越适合大众口味儿，不仅在本地区享有盛誉，甚至还远销海外，曾多次被评为优质果品。作为地方特色的农产品，绥中白梨已经在国家工商行政管理总局（现"国家市场监督管理总局"）注册了地理标志注册商标，并通过了国家绿色食品认证，还在2012年荣获第十届中国国际农产品交易会的金奖。近年来绥中县委、县政府不断加大对白梨种植的扶持和投入力度，坚持"由大转强，由优转精"的发展思路，目前绥中县24个农村乡镇中有11个成为绥中白梨的栽植区，发展面积达到了28万亩，种植数量900多万株，年产量30万吨，产值14.4亿元。绥中县白梨栽种面积和产量分别占辽宁省白梨栽培面积和产量的22.4%和31.9%，占全国白梨栽培总面积和总产量的50%以上，居全省乃至全国的第一位。绥中县已经被中国园艺协会梨分会确认为秋白梨第一县。2013年12月辽宁省政府确定全省6个县（市）为"一县一业"示范县，绥中县（绥中白梨）成为葫芦岛市唯一当选的地区。

总之，绥中美食透露着绥中人精益求精、吃苦耐劳的精神，它们既是绥中人赖以生存的经济来源，也是向全国人民展示城镇魅力的名片，勤劳质朴的绥中人用双手谱写了日新月异、欣欣向荣的历史篇章，让绥中这座普普通通的小城在岁月的长河里大放异彩。

参考文献：

[1] 绥中县地方志编纂委员会. 绥中县志[M]. 北京：中国社会出版社，2002.
[2] 中共绥中县委宣传部. 风情物语[M]. 北京：人民文学出版社，2016.

绥中县前所古城

绥中县前所镇在历史上是一座重要的古城，是关外第一座城，作为军事要塞，形势险要。处于辽西走廊这个枢纽地区的特殊地理位置上的古城，不仅具有历史和文化的内涵，同时也反映了中国东北地区与京津地区在历史上、军事上、文化上的密切往来。古城是明朝卫所城的典型代表，见证了明朝中晚期辽西地区的军事活动。

一、历史上的前所

明洪武初年就建立了辽东都指挥使司，进行军事防御和军事屯田，并按防御和军屯需要设立了军事组织系统。在辽东镇防御体系中，陆路屯兵系统设有二座镇城，一是辽东镇都指挥使司城，二是辽东镇广宁分司城。辽东镇的路城（辽东镇重要的四大防卫体系之一）有五座，中路与广宁分司城合在一起，东路与叆阳城、堡城合在一起，实际单独建筑的路城仅三座，即南路前屯城、西路义州城、北路开原城。

明嘉靖三十九年（1560）年，兀良哈的万余骑侵扰中前所，在众寡悬殊的情况下，守城明军进行了坚决抵抗。最后城被攻陷，百户（当时的官名）武守爵、黄廷勋战死。

明正德十三年（1518 年）派张渊守城，后黄宁继之，清康熙二十九年（1690 年）改设佐领骁骑校尉驻防。

明万历十一年（1583 年），鞑靼与兀良哈两支武装联合侵扰，中前所、高岭驿一带深受其害，蓟、辽两镇明军共同出击，将其击退。

明崇祯十六年（1643 年）9 月 24、25 日，后金兵用红衣大炮攻陷中后所（今绥中）城，明游击将军（武职官名）吴良弼、都司王国安及 4 500 余名士兵战死，4 000 余名士兵被后金兵俘获。9 月 29 日，后金兵从中后所至前屯卫（今绥中县前卫镇），10 月 1 日攻陷前屯卫城，明代总兵李辅明、袁尚仁及 4 000 余名士兵战死，2 000 名士兵被俘。当时守城将军黄色，非常有“自知之明”，没有动一兵一卒。他见后金军来势凶猛，虽然先后拔掉了中后所与屯兵最大的前屯卫城池，但相比之下，前所城力差悬殊，就弃城逃跑了。

明天启二年（1622 年），广宁失陷后，后金政权将实力范围从辽南推到了辽西，不断向关内进犯，辽西人民涌到山海关城外，曾任兵部职方主事的袁崇焕驻守在中前所，在这里安置辽东的流民。

1900 年 10 月至 1902 年 9 月这里被八国联军占据。

1924 年，第二次“直奉战争”中，奉军曾把前所城作为攻击山海关的重要阵地；1945 年 8 月 29 日，中国共产党领导的冀热辽军区第十六军分区先遣部队到达前所城，前所城成为日本宣布无条件投降后我国东北三省第一处被收复的城镇。

二、前所城布局

前所古城形制四方，东西长 510 米，南北宽 502 米，墙高 10 米，设有 3 个城门，东门定远、南门广定、西门永望。

前所古城

城内民居建筑布局严谨，轴线明确，左右对称、主次分明。

在西门处有一瓮城，呈半圆形，因此又称瓮圈活月城。在冷兵器时期，城门是防守薄弱点，瓮城则起到了强化防守的作用。瓮城两侧与城墙连在一起建立，设有箭楼、门闸、雉堞等防御设施。瓮城城门通常与所保护的城门不在同一直线上，以防攻城槌等武器的进攻。当敌人攻入瓮城时，如将主城门和瓮城门关闭，守军即可使敌方形成“瓮中捉鳖”之势。瓮城的另一个军事作用在于缓解正城的军事压力，形成一个缓冲带，利于正城的备战。从瓮城的演进史来看，自明朝以后，瓮城从城外撤至城内，其作用从“御敌”演变到“制敌”。在保存有生力量的情况下，何时“启瓮”，这是瓮城作用的关键。从“御敌”的角度看，当正城防御准备完全的时候，也是瓮城“启瓮”的时候。

瓮城

三、前所城的今天

近年来，前所镇高度重视旅游强镇建设，持续加大力度修复古城墙体，开发特色旅游，壮大乡村经济。国家和当地政府也非常重视前所城的保护工作，多次拨款维修。为了修建、恢复前所城的原貌，政府部门及商贸区迁移到了城外。现在百姓对文物的保护意识也在提高，很多百姓都主动参与到前所城的保护活动中来。

修复古城墙体

当今的前所镇，作为京东所城，旅游产业得到了快速发展。前所的海滨浴场，滩浅水碧，浪缓沙细，与北戴河、山海关海滨连在一起，构成了环渤海旅游带。前所镇的地理位置得天独厚，交通便捷、资源丰富，地肥水美。目前，前所镇已经初步建成粮食、蔬菜、水果、水产、畜牧五大农副产品基地。前所镇的工业成绩也十分喜人，为前所经济发展的巨大推动力。

姜女石遗址

姜女石遗址作为秦朝至今保存完好的大型建筑遗址群之一，象征与见证了秦朝的统一，它的发现对考察秦朝历史有很高的学术价值，体现了自然景观与人文建筑的完美结合，对研究历史地理有着非常积极的推动作用。

姜女石遗址群位于辽宁省葫芦岛市绥中县万家镇的止锚湾海滨西侧，距离“天下第一关”的山海关只有 15 千米。作为全国重点文物保护单位，此遗址群主要包括石碑地遗址、黑山头遗址、止锚湾遗址、瓦子地遗址和周家南山遗址等。总体面积大约有 15 万平方米，东西约 3.5 千米，南北长约 4 千米。

遗址发掘过程采集图

一、石碑地遗址

石碑地遗址，又名碣石宫遗址，是整个遗址群的主体建筑。也是所有遗址中面积最大的一处，整体形状为长方形，总面积大约 15 万平方米，东西宽约 300 米，南北长约 500 米。碣石宫与秦始皇陵、阿房宫并称为秦朝的三大宏伟工程建筑。它面朝渤海，后临燕山，海中的碣石，山上的长城形成一道壮丽的自然景观。与周围的止锚湾遗址、黑山头遗址等形成环抱之势，蔚为壮观。

碣石宫是一座规模宏伟的高台多级建筑，除秦朝都城咸阳和汉朝都城长安以外，很少有如此规模而又有序的宫殿建筑群。它的夯土台基深厚，周围夯土墙基宽约 2.8 米，墙体上下笔直。由于靠近海岸线，其中有将近一半已沉入地下。遗址考古发现的建筑材料以瓦当为主，包括半瓦当、绳纹板瓦、树叶纹瓦、变形夔纹瓦当、菱形纹砖和卷云纹间贝纹的圆瓦当。其中,巨型夔纹瓦当为秦朝皇家建筑专用,共出土了9件,较为完整的一件与秦始皇陵出土的夔纹大半圆形瓦当相似度极高,当面宽约52厘米,全长约82厘米,当面为浮雕夔纹,整体图案非常的规范化。

瓦当在中国古代的建筑中比较常见,是用以遮挡雨水的椽头筒瓦的前端。历代瓦当一般很小,像碣石宫遗址出土的这种面积巨大的瓦当只见于秦始皇陵。可见这是典型的秦朝皇家级别的建筑规格,所以我国的考古学家认为这里就是秦始皇的行宫。

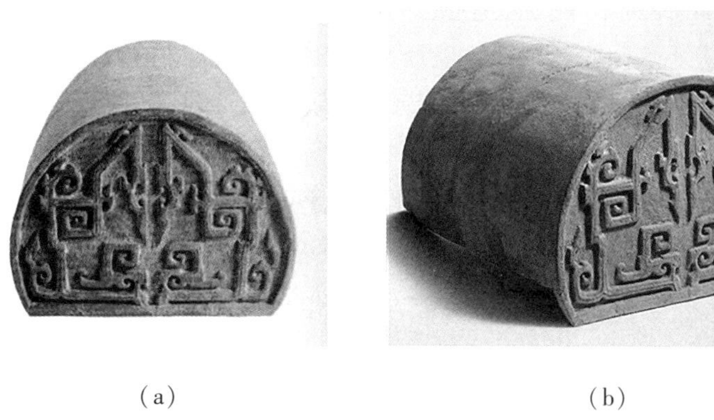

(a)　　　　(b)

夔纹大瓦当

碣石宫遗址中能清晰可见大小不一的居室,完善的排水系统,用于储备食物的窖井等。碣石宫遗址对面正对着海中的姜女石,与其大约相距400米。姜女石由三座奇形礁石组成,称为碣石,也就是我国民间传说中孟姜女投海葬身之处,故又名孟姜女坟。每当海水落潮,就会隐约出现一条用巨石铺成的海中栈道,一直从岸边蔓延到礁石。在碣石的东西两边,都有一陡峭的岩壁各自伸向两侧海面,红石砬子为东侧岩壁,黑石砬子(又称黑山头)为西侧岩壁,两处岩壁就像两条巨龙静静地卧在海中,人们形象地称为“二龙戏珠”。站在不同的角度观赏碣石也会收到不同的效果。正面观此石,其好像一位少妇携着一双儿女望海盼夫。在黑山头观此石,它仿佛又是一只褐色的公鸡屹立海面,扬颈啼鸣,真的是别具一格。

(a)

(b)

姜女石

相传当年曹操在北征乌桓的途中经过此地,登上当年秦始皇、汉武帝也曾登过的碣石山,心情像沧海一样难以平静,借着大海抒发了自己昂扬奋发的精神,做了《观沧海》一诗,这首诗具有一种雄浑苍劲的风格。

二、黑山头遗址

黑山头遗址距离碣石宫遗址西侧约 2 000 米处，主体建筑在东南临海一侧，从考古发现的平面图看，遗址呈曲尺形，东西宽 45 米，南北长 50 米，从残存的建筑地基推断应为高台建筑基址。南面被称为龙门礁，由海中两面对峙的双礁组成。北面有与其相连的其他建筑，经考古发现分为五个单元，每个单元都有很多小间，内有瓦圈式的井窑。遗址的出土物都为建筑构件。黑头山遗址挖掘的各个建筑遗址之间没有叠压打破的现象，亦没有发现后来修补的痕迹，整个建筑布局规整，出土文物的特征较为一致，应该是一处营建之前经过精心设计并一次性完成的大型建筑群体。从其设计理念、建筑布局、施工技法以及建筑材料来看，与石碑地遗址中秦朝遗存具有明显的相似性，因此可断定该遗址与石碑地遗址同属一时代，当属行宫遗址的重要组成部分。

三、止锚湾遗址

止锚湾遗址位于石碑地遗址东侧 1 000 米处，与同建于海岸边的石碑地遗址、黑山头遗址相比，离岸边较远。总体面积约为 1 万平方米，同样位于高台之上，考古发掘的该遗址出土器物与石碑地遗址遗物相比，其中大部分属于秦朝，少量是汉朝遗物。从留存的遗迹看，包括三座台状建筑基础，呈“品”字型分布，与黑山头遗址在结构上有显著差别，这充分说明止锚湾遗址在功能上与石碑地遗址各不相同。

四、瓦子地遗址

瓦子地遗址位于石碑地遗址北面约 100 米的坡地上，建筑基础采用生土筑成，有的地方以红色砂土铺垫，从外部形状上看不规则，大体包括三组建筑，形成“品”字形分布。考古发现了烧瓦陶窑一座，充分说明这是碣石宫建筑材料的生产地点。该窑外部设计合理，内部工艺简单，体现出它的科学实用；又是秦汉时较为流行的“马蹄窑”，充分体现了我国古代窑工的创造力。该遗址的发现也为研究东北地区制陶业在秦朝的发展水平提供了极具价值的宝贵资料。

五、周家南山遗址

周家南山遗址位于石碑地遗址以北约 4 000 米的周家屯南山台地上，地势高敞，视野宽阔，晴日里可望见海中的“姜女石”。遗址布局呈长方形，长约 250 米，宽约 100 米。考古发现了遗址地属于不同时期的建筑遗存，推断出是属于秦朝的与汉朝的遗址。秦朝建筑遗存中出土了与石碑地遗址中特征相同的建筑构件，所以从文物中包含的具有相同特征的同类瓦件可以断定，周家南山遗址与石碑地遗址是同一时期建造的建筑遗址。

六、姜女石遗址

姜女石遗址的发现，对于我们研究秦朝文明史以及秦汉时期的建筑有着非常深远的影响。它把我们对碣石的研究从最早只是单纯的文献考证,深入到把文献考证与考古发掘的物品相结合,从而推动了历史地理学的发展。我们能够在关中以外地区发现秦朝行宫遗址,这又对史学家研究我们国家统一多民族历史形成以及研究秦朝建筑史,有着重大的意义。

封疆大史王廷赞

王廷赞，曾任甘肃布政使司。他出身吏员，由于工作上的勤勉与才干，受到上司器重并不断提拔。他在甘肃官场三十多年，由小官累升至道级行政长官，最终成为封疆大吏。王廷赞及王氏墓园对于研究清代乾隆嘉庆年间的绥中地方历史具有重要的价值。

一、王廷赞简介

王廷赞（1713—1781 年），字翼公，号用宾，中后所人（辽宁葫芦岛人）。他出身于官宦之家，其父为读书人。他早年的生活经历为其政治生涯奠定了坚实的基础。初入官场的他体察民情，重视农业、文教的发展，谨慎处理案件，致力于维护地方治安。在甘肃为官三十多年，颇有建树，最后却因贪污腐败而被处死。

五延赞画像

二、官绩斐然

经历是一个执掌出纳、文书、协助审理案件的小吏。王廷赞的为官生涯从兰州府经历开始。任职期间，他秉公处理案件，使得部分冤案得到平反。他的尽职尽责得到了上司的赏识和百姓的认可。七年后，他先后接到张掖、武威、镇原等县代理知县的授命。代理知县期间，他振兴教育，使当地的文教事业得到发展，因此被任命为张掖知县。在平定准噶尔之战中，陕甘总督黄廷桂任命王廷赞为军需官。乾隆二十八年（1763 年），王廷赞被推举为平凉府盐茶厅代理同知，执掌一方治安。

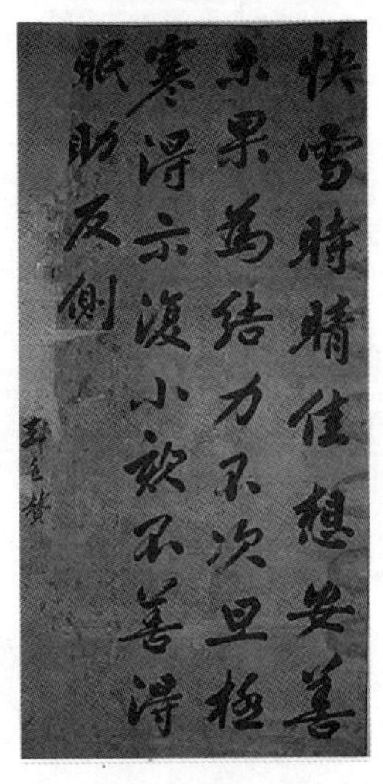

王廷赞手书

在张掖任职期间，王廷赞建立贡院、重修甘露书院并增建三台阁、爽心亭、玩书楼及锄经堂等建筑，这些举措给举子应试提供便利，使当地学术氛围更加浓厚。他搜罗书籍丰富书院藏书，聘请名师讲学，给张掖学子以重大支持。这些政绩被时任陕甘总督的黄廷桂知道后，任命他为张掖知县。

在担任军需官时，王廷赞母亲病逝，他以军国大事为重，隐忍哀痛，正常处理公务，直到战后，账目清理完毕，才回到中后所祭母。

在担任平凉府盐茶厅代理同知期间，他曾趁夜率人马将为危害百姓的盗匪一网打尽。

清朝地方行政机构较之明朝发生了一系列变革。王廷赞曾出任过清代二级、三级行政机构的行政首长，任宁夏知府、甘凉道及宁夏道道台。在他管辖区内的宁夏是主要的农业区，水利灌溉工程比较发达。但因年久失修，黄河带来大量的泥沙使得灌渠淤塞严重，再加上历任地方长官没有及时整修，给农业灌溉带来一系列的问题。王廷赞上任后，深入地方进行实地考察，发现这一问题。考察结束，他上奏疏通宁夏河道并对水利设施进行整修。清政府采纳了王廷赞的建议，户部拨库银责令他负责。两年后，河渠工程告竣。王廷赞因整治水利灌溉等功绩，被升为甘肃布政使。

王廷赞政绩卓著，使得王氏家族得到封诰。乾隆后期吏治腐败加上官场上明争暗斗，使王廷赞萌生退意，上奏辞官回乡，安享晚年。皇帝"优旨慰留"，未能如愿。

政令下发后，王廷赞当即投入到工作中。他勤于疏浚河道、整修水利的政务，亲自视察水文地质勘测、排水、清沙、挑淤及运石等工作。河渠工程于乾隆四十二年(1777 年)四月告竣。竣工之日，他的同僚赋诗表示祝贺，一诗中有"三年治水鬓成丝"的句子，可算是他这一时期功绩的写照。宁夏平原的瘠土碱地，尽变成千里沃野。

三、守城立功

清乾隆时期，陕甘地区爆发了新教派起义。

起义引起朝野震动，乾隆皇帝调集大军镇压起义。新教派起义历时三个多月，以失败而告终。王廷赞在朝廷援军到来前守住了兰州城，乾隆帝他赐一品顶戴，赏戴花翎，并令"交部从优议叙"。例晋其曾祖父、祖父、父为荣禄大夫，曾祖母、祖母、母为一品夫人，光耀王氏门楣。

乾隆四十六年(1781 年)，天阴大雪，两千多新教徒攻占河州(今甘肃临夏县)。22 日上午，新教徒弃河州奔省城兰州。25 日夜，新教徒抵达兰州西关城外，焚烧民房、寺观，光焰烛天。当时，兰州守军仅八百人，兰州城一旦陷落，杀戮将不可避免。布政使王廷赞深感责任重大，他以"国家有事之秋，臣子报效之日"自励，不顾年近古稀亲率民兵登城守卫，当日激战一夜。天亮后，新教徒退回华林山。

26 日下午，新教徒继续攻城，攻势猛烈，杀声震天。当晚，西门危急，王廷赞亲自登城督战，铁镞流石一齐向他飞来。部下劝他下城躲避，王廷赞厉声回绝，并奋力督战，击退新教徒。27 日下午，新教徒直抵西城下，新教徒更加猛烈的攻城。次日凌晨，兰州城即将被攻破之时，固原救援官兵赶到，新教徒被迫退入西山。28、29 两日，王廷赞一面严防新教徒再次攻城，一面捐资四万两白银以充军饷，并派官员出城采购粮食，已备长期固守之需。

四、贪冒获罪

乾隆三十九年(1774 年)，甘肃连续大旱，灾民流离失所、粮食紧缺。时任布政使的王亶望请求在当地开展"捐监"运动得到皇上批准。因甘肃省粮仓未能足额征满，规定一律以粮食收捐，不得"折色"(即折收银两)。但在实际操作中，王亶望却不收粮食只收银子，筹集了上百万两白银。捐银被各级大小官员以赈济灾民的名义侵占，王亶望还谎报朝廷“捐粮”赈灾功绩。乾隆四十二年(1777 年)五月，王亶望升为浙江巡抚，时任宁夏回族自治区道台的王廷赞接任甘肃布政使。

甘肃省地处西北，属于干旱半干旱地区，风沙较大，时常发生自然灾害。为防灾减灾，甘肃一向有捐监旧例。所谓“捐监”，就是百姓通过捐出一定数量的粮食给官府，来取得应试入官的资格。这既能够及时救济灾民，又使得“捐监生”获得了入官的资格，还减轻了朝廷调拨救济粮的麻烦，利国利民。但由于实际操作过程中，易出现贪腐，此项措施曾一度取消。

王廷赞任布政使后，起初发现监粮折现银不符合相关规定，曾与总督勒尔谨商议取消捐监，最后却不了了之。王廷赞受到甘肃官场贪腐风气影响，反而增加捐监数额，最终晚节不保，丢失性命。乾隆帝派兵镇压新教派起义时，甘肃一时难以筹集大量的兵饷，王廷赞捐银四万两的奏折引起皇帝怀疑，经大学士阿桂和陕甘总督李侍尧细查，震动清廷的贪污大案败露。

王廷赞供称，到任后，起初不许折收白银，后因无人报捐，只得折色。又恐各州县有囤积居奇的事情发生，因此规定交五十五两银子代粮纳捐。捐银由兰州知府收捐，后发给各州县买粮充实粮库，知府按季上报道台，最后由道台结算。

王廷赞的供词在于陈述折收白银原为不得已，此法不仅使捐监者得到了便利，也无不当之处。但乾隆帝当即看出此供不实，下谕驳斥道，明明是官府起初只收白银，又假托买粮充实粮库，官员既得到银子又得到赈灾功绩，只有百姓从中受害。此事情弊甚大，不可不彻底清查。此后乾隆帝几度下谕，定性本案实际上即是集体贪污，要一查到底绝不会因法不责众而放过一人。乾隆皇帝令勒尔谨和王廷赞由阿桂、李侍尧同刑部会审，定要实供。他令阿桂专向王廷赞宣谕其从前“保全省城，功不可没，若能将历年贪污舞弊情况据实以禀，可以给予恩赐，适当宽宥其过，将功折罪。否则，必自取重罪”。事实证明，王廷赞未能禀明实情，因而乾隆帝没有宽宥于他。

这一塌方式腐败大案涉及白银二百九十多万两，全省官员皆有侵贪。对此案要犯，乾隆帝严惩不贷，包括勒尔谨、王亶望、王廷赞在内，陆续正法者共五十六人，免死发遣者四十六人。

乾隆的谕令指出，王廷赞以末等吏员擢升至藩司，上任初发现王亶望等的贪污违法行为，不如实参奏，且仿效其作弊，又始终隐匿掩饰此案，不吐实情。但念及守城微功，免于立决，加恩改为绞监候，秋后处决。

乾隆四十六年(1781 年)九月十二日午时，王廷赞被处绞刑，终年六十七岁。

王廷赞作为一个朝廷官员，启用初期勤谨政务、秉公执法、为民请命、肃清地方治安，但当其官至甘肃布政使时，却没能抵制官场腐败弊病，成为贪污腐败的一份子，最终未能逃脱被法办的命运。

王氏墓园位于绥中县高台镇腰鼓城寨崔家河沿屯北的龙王山上，墓园规模宏大，园内有石刻、飨堂、庐舍、围墙等建筑。墓园里葬着王廷赞的整个家族。

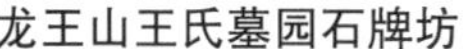

龙王山王氏墓园石牌坊

王廷赞墓表

参考文献：

[1] 绥中县地方志编纂委员会.绥中县志[M].北京:中国社会出版社,2002.

中国斜塔之最

——绥中前卫斜塔

辽宁省葫芦岛市绥中县前卫镇斜塔,始建于辽代中期,距今约有一千年历史。如今的前卫镇是辽代的来州来宾县县城,元代在此设立瑞州,因此前卫斜塔又被称为“瑞州古塔”。

该塔建成之后虽然几经地震与洪水,却始终倾斜不倒,堪称奇迹,是中国古建筑的瑰宝。

一、前卫斜塔的由来

辽宁省葫芦岛市前卫镇斜塔

关于前卫斜塔于何时建成,学术界存在着不同的说法。有学者认为,该斜塔建于北魏,由于没有出土文物可以证明,因此该观点被否定。目前,史学界普遍认为,前卫斜塔建于辽代中前期,距今约有一千年历史。由于斜塔建筑年代久远,没有碑碣对塔的名称和来历进行说明,前卫塔何时开始倾斜已经无法考证。葫芦岛市历史学副会长张恺新经过多年编查史书与调查研究,做出大胆推测——前卫斜塔之所以倾斜是由地震所致。历史上的河西走廊是地震活跃地区,明朝隆庆二年(1568 年)曾发生过大地震,明朝在关外坚固的宁远卫城(今兴城古城)的城墙都被震塌,宁远和前卫城中许多房屋倒塌,前卫塔极有可能是在那个时期因为地震而倾斜的。当然,也不能排除洪水侵蚀或风力等因素影响。由于没有史料佐证，关于前卫塔倾斜的原因，史学界还有待进一步考证。

传说在几千年前，前卫镇有一位姜员外，他的女儿美若天仙，虽然还没有到成婚的年龄，媒人就已经踏平门限，于是，姜员外开始为爱女寻觅好的归宿。姜员外认为，金银财宝皆可散去，唯有才学手艺才能跟随终身。经过千挑万选，姜员外将张、鲁二位匠人作为最终候选人。为了迎娶姜家小姐，这两位匠人都用尽了毕生所学。张匠人为姜小姐造出一座绣阁，鲁匠人则别出心裁造出一座斜塔。经过最终商定，姜员外认为，斜塔的工艺考究，前无古人，后无来者。最终，鲁匠人与姜小姐喜结连理。这座斜塔便是保留至今的前卫斜塔。

二、前卫斜塔斜不倒的原因

中国古代早期的塔多为木质结构，由于木质结构容易受到火灾、风雨等侵蚀而遭到破坏，隋唐以后，由于砖石砌筑技术的提高，古塔建造在选材方面开始选用砖石材料，这就促进了砖石仿制木结构的塔的形成。前卫斜塔使用的建筑材料为砖泥混土，它采用很黏稠的米烧成粥，打成浆，混合石灰、砂子，这样的建筑材料非常坚固。《绥中县志》记载："其尖歪而不坠，后经羽士以砖石其基愈固。""斜塔不倒"是前卫一宝，1976 年虽经强烈地震，斜塔不仅没倒，甚至连一点裂痕也没有。除了与建筑材料有关外，前卫斜塔的建筑结构也很特殊。它是八角形结构，而且多为正八边双壁加中心柱式，形成筒体密檐式实心结构。斜塔的每一层在回廊处均设有转折式楼梯，回廊顶部又采用桑涩顶。加之塔基由条石垒砌而成，塔体自下而上逐层收分，构造合理，整体结构相当稳定。斜塔塔门的设计也很考究，每隔一个面开一个门，而且每层门均不开在同一个方向的墙面上，这样就使墙面像四条腿一样支撑着每一层塔身。这样的设计，使每层墙面之间既相互连接，又分别承受压力，使塔身受力十分均匀。与此同时，由于斜塔使用十分牢固的石灰糯米等材料，即使遭遇较强的台风、地震等外力作用，某些墙面虽然会断裂，但是塔身仍不会轻易倒塌。以上就是前卫斜塔历经千年仍旧可以保持斜而不倒的姿态的奥秘所在。

三、前卫斜塔的现状

前卫斜塔一共分为三层，整体呈现八角形。它是一座单顶塔，顶部原建有顶盖，但现已坍塌残缺。现存的前卫斜塔塔身高 10 米，塔身向东北方向倾斜 12°，塔尖水平位移 1.7 米。近几年由于当地文物局对斜塔进行了修缮工作，斜塔的倾斜度由原来的 12°变成了 7.57°。前卫斜塔是一座实心密檐式砖塔，与同时期砖石塔相比，其建筑规模并不大。它主要以石筑作为塔基，用砖块砌成塔身，塔身雕刻着佛像、花纹、狮子头等图像，其线条清晰，刀法工艺精湛。塔身原有的飞天砖雕和佛龛中的佛像，已经被盗毁无存，塔身底部的青砖也已被人为拆毁了许多，露出极不均匀的石头毛茬，据说是被当地人拿去作为吉祥物垫在自家的房基里了。时至今日的前卫斜塔，各级都有修复的痕迹，塔基缺失的部分已经被填补上，塔身的砖雕花纹、狮子头等图像缺失的部分，也被填补上。由于工程水平低下，修复手法拙劣，没有完全保存斜塔古朴的风貌，使斜塔的观赏价值有所下降。塔的上面和四周也是长了枯草，使得这座见证了一千多年风雨的斜塔无法恢复原貌。

现存前卫斜塔佛龛

四、世界第一斜塔

众所周知的意大利比萨斜塔是世界中古七大奇迹之一，距今已经有 800 多年的历史。比萨斜塔并非人工有意而为，它漂亮的塔身，倾斜的姿态，是设计师对地质勘查不够而后地基沉降，导致塔身倾斜 5°。比萨斜塔因伽利略进行自由落体实验而声名远扬。相比于比萨斜塔，前卫斜塔堪称我国斜塔建筑中的瑰宝，它曾被列入中国四大斜塔之一。现在，虽然在中国被称为“斜塔”的古塔已达 17 座，但是，没有一座倾斜度能超过前卫斜塔。闻名于世的比萨斜塔不仅在时间上比前卫斜塔晚 300 多年，而且倾斜度也远不及前卫斜塔，学术界称前卫斜塔为“世界第一斜塔”。目前，前卫斜塔已入选中国世界纪录协会，进入世界第一斜塔候选世界纪录。虽然，前卫斜塔在学术界享有如此高的殊荣，但是，由于当地对它的宣传推介和旅游开发投入还不够，导致它的知名度很低，多年来“养在深闺而无人知晓”。有关专家呼吁，在加强前卫斜塔推介的同时，还应该加强对斜塔的保护。

参考文献：

[1] 范炳勋. 绥中县志[M]. 辽宁作新印刷局，民国 18 年.

绥中锥子山长城考略

长城被誉为世界“新七大奇迹”之首，是中华文明的象征，在中国更是有“不到长城非好汉”之说。本书要谈的不是闻名中外的八达岭长城，而是位于葫芦岛市绥中县永安堡乡西沟村的锥子山长城，由于它目前还尚未被开发，所以锥子山长城保留着它原有的风貌。专家赞誉锥子山长城为“长城博物馆”，它享有“中国最美野长城”之称。

一、锥子山长城风貌

锥子山长城始建于明代洪武十四年(1381 年)，全长 22 455 米，因远看像一把锥子直插云天而得名。它是辽东明长城的三路长城的交汇点，向东连接辽宁境内的明长城，起点是丹东的虎山长城；向南连接山海关的长城，起点是老龙头；向西连接北京的长城，绵延万里，到达嘉峪关。锥子山长城是从三个方向的长城齐集一山，形成独一无二的“三龙聚首”景观。站在峰顶敌楼举目眺望，锥子山长城似三条巨龙腾飞，景象颇为壮观。锥子山长城为东西走向，其所依山名或地名分为六段：依次为大毛山段、锥子山段、椴木冲段、曼芝章段、石匣口段和金牛洞段。大毛山段山势险峻，峰峦叠嶂，雄壮威武；锥子山段蜿蜒曲折，集三条长城为一体，向南经九门口可直达山海关，向西越大毛山，出河北抚宁，即通向八达岭、居庸关，向东经蔓芝草、石匣口至金牛洞，长城止于山谷之中；椴木冲段砌筑于山势险要之处，全部为石筑，其中一敌楼内存有《椴木冲楼题名记》碑，有一块城砖印有“德州秋班营造”字样，为长城文物研究提供了珍贵历史实物资料；蔓芝草段扼守谷口，每隔百米就有一砖筑方形敌台，屹立山头，互相声援，相映成趣；石匣口段走势平缓，墙体为大块毛石砌筑，设有水门；金牛洞段横跨石河，据险筑墙，工程浩大。锥子山长城虽然历经风雨和战争的洗礼，但它依然是屹立于辽西大地上一道威武雄壮的不朽丰碑。锥子山长城于 2006 年 6 月 10 日被确认为国家级重点文物保护单位。

(a)

(b)

锥子山长城

二、锥子山长城修建背景

要想知道锥子山长城修筑的背景,我们要先了解明代北部边防情况。明代嘉靖二十九年(1550 年),以俺答汗为首的鞑靼人因“贡市”不遂而发动战争,8 月 14 日俺答汗攻入古北口,杀掠怀柔与顺义吏民无数,明军一触即溃,俺答汗长驱直入。面对外患,此时的戚继光已年满 23 岁,正在北京参加会试,并应试武举。戚继光亲眼看见了蒙古各部落的烧杀掠抢,作为一名军人,他内心十分痛苦。戚继光分析了当前的形势,根据明代的防御工程和士兵的素质,得出要想防御进攻,就必须修筑新的长城的结论。戚继光的主张得到了当朝宰相张居正的支持,但并没有付诸行动。在抗倭的斗争中,戚继光日益显示出卓越的军事才能,朝廷这才认可他的主张,最终通过了他重新修筑长城的方案。

三、锥子山长城的战略防御功能

戚继光修建长城的不同之处在于他改造了修筑长城的材料,他选用青砖铸就并且在每个青砖上印上了烧造的地点和负责人的名字,以便日后追责。在用人方面,他主要用戚家军来当工人,以减少老百姓的负担。从这两方面我们能够看出戚继光心怀百姓与国家。从修筑长城的结构上看,戚继光修筑的长城十分复杂,城墙、地台、烽火台等一应俱全,基本满足了御敌与通信条件,这就有效地抵御了外部的入侵。1575 年蒙古各部落再次入侵明朝边境,由于新建的长城布局合理,并且能够快速调动士兵,再加上战士们的浴血奋战,终于赢得战争的胜利。“楼前风物隔辽西,日暮凭栏望欲迷。禹贡万年归紫极,秦城千里静雕题。蓬瀛只在沧波外,宫殿遥瞻北斗齐。为问青牛能复度,愿从仙吏授刀圭。”这正是戚继光站在长城上的所思所想。

锥子山长城

四、锥子山长城的今生

巍峨的高山,蜿蜒的长城,秀美的风景构成了如今绥中县西沟村的壮美景观。西沟村有个自然屯叫立根台,听当地的老人说,当年戚家军义务兵下决心在这里戍边保家,所以取名“立根台”。戚继光认为当时工程繁重,守卫任务特别艰巨,为了稳定军心,他特别准许士兵家眷随军。长城修好了,又将所建敌楼分派到各家各户负责守卫,于是,很多官兵携带家眷在敌楼上安下家来。后来,他们又从长城上搬下来,在长城附近繁衍生息。现在,西沟村小河口附近的长城和山上,还有当年士兵和家属生活过的遗迹。在距离小河口 1 000 米左右的高山上保存着被专家认为独一无二的一座敌台,其特殊之处就在于它仍保存着当时房屋的屋顶,敌台下面还有一块韭菜池,每年都会生长韭菜,这正是守军家属的遗迹。西沟村成为了一座因长城而建的村子,这使得当地的百姓有一种与生俱来的自豪感与光荣感,他们不仅承袭了戚家军的牺牲精神与乐观向上的积极心态,他们更是历史的传承与现代的结合。任凭时光变迁,风霜雨雪,西沟村与锥子山长城都是历史的鉴证。

如今西沟村和锥子山长城因其独特的历史价值和美丽风景被无数摄影爱好者追捧。人们在探寻历史遗迹的同时,更应该树立保护历史遗迹的责任心和使命感,这不仅是一代爱国将领的热忱之心,更是一个民族、一个国家的瑰宝!

参考文献:

[1] 范炳勋. 绥中县志[M]. 辽宁作新印刷局,民国 18 年.

绥中东戴河的旅游发展

绥中东戴河新区位于辽宁省西部，紧邻辽宁、河北交界的滨海开发区，作为一座新兴的旅游城市，东戴河依山傍水，海天相接，环境优美宜人。在其辖区内有很多著名的景点，如万家止锚湾海滨碣石宫、前所古城、九门口长城、永安峡谷等。每当夏季来临，大批的游客便被这里的清爽宜人和山水砂石所吸引。这里海产品丰富，瓜果飘香，还有农家院一条龙服务，物价低廉，吸引了大量的游客。东戴河新区是辽宁绥中的重点开发区，每年暑期都会有成千上万的游客到此休闲度假。东戴河旅游业也造就了东戴河农家院的兴起，带动了当地农村经济的发展。旅游业也提高了当地人民的生活水平，加快了社会主义新农村的建设。下文就东戴河的休闲度假与农家院的发展做简要地介绍。

一、东戴河度假

东戴河天蓝海清，每当人们来到大海边总会有一种舒适、惬意、放松的感觉。听着海水拍打浪花的声音，闻着咸咸的海水气息，一切的压抑情绪都释放了出去，甚至想大声高呼“大海，我来了！”

东戴河是如此的美丽，有谁能知道她在二千年以前又是什么模样呢？相信要比现在更为迷人，否则那些帝王将相又怎会在此大兴土木建造行宫呢？光是那海中的三块巨石，就是大自然造物的神奇之笔，鬼斧神工的巨石立于海中，圆为碣，方为碑，从数千年之前就一直静默在那里。秦始皇曾来此观海看石，三国曹孟德为其赋诗，这就是碣石，海水的浸泡没能让它褪色，时光的打磨不曾让它暗淡，那奇异的造型以及厚重的时光味道，令每一个游客都为之驻足……

东戴河

如今的东戴河在中国共产党的引领下，政府加大开发力度，建设出宽阔笔直的滨海大道为人们的出行提供了便利。滨海大道处处是风景，沿海的各项娱乐设施在不断地健全与完善，海边的沙滩有专门的环卫工人管理，海沙干净、细腻，海水清澈见底，这是吸引了无数的小孩在海边玩耍嬉戏。海上愉乐活动如快艇、双人划船、空中降落伞等，也成为游客关注的一道风景。从万家的止锚湾海滨到山海同湾，再到佳兆业、白金海岸，最后到首钢疗养院、绥中电厂，与海滩连成一片，这里清爽宜人、空气清新，游客络绎不绝。来到东戴河，大家都会感受海的胸怀，体验海的浪漫，人们在炙热的阳光下体验海水带来的惬意，真是舒服至极！

东戴河的天更蓝、水更清、沙更净，娱乐设施齐全。在这里可以踏波逐浪、赏月观海，让人身体放松，心情舒畅。除了赏景之外，还可以逛充满生活气息的海鲜市场，品尝美味的海鲜烧烤，夜晚很多游客都会在海边点起篝火，开起室外卡拉 OK，整个东戴河的上空都回荡着歌声和笑声，让人倍感快乐！

东戴河海滨

东戴河的名胜古迹数不胜数，如九门口水上长城、万家止锚湾海滨碣石、前所古城、永安峡谷漂流，等等。九门口长城作为世界的文化遗产闻名于世，登上长城可感受“水在城下走，城在水上游”的惬意。永安峡谷漂流景区景色宜人，空气清新，山中树木郁郁葱葱，山水清澈见底，峰回路转，山水有急有缓，使游客仿佛置身于人间仙境，令游客流连忘返。

此外周边毗邻的旅游景点还有很多，如锥子山长城、前卫斜塔等。

二、东戴河农家院

1. 住宿条件

农家院是东戴河住宿的主力军。来到东戴河，首先映入眼帘的便是海，其次便是海边连成片的红色农家院，这里的农家院规模不一，但都充满了社会主义新农村的气息。这里的农家院较大规模的可容纳二三百人，较小的农家院也能容纳几十人，每个农家院都拥有自己独立的停车场，为自驾游和团体出行停车提供了便利。这里几乎家家都有农家院，在暑假来临之前，农家院主们就已经把自己家的空房子打扫得干干净净，并不断地完善各项设施，精心布置假期住宿的场所。农家院的住宿条件比较优越，和度假宾馆相比毫不逊色，包括独立的卫生间、空调、电视、无线 WIFI，热水、卡拉 OK 等设施，但价钱和度假宾馆的相比却便宜很多。住宿价格在平时（周一至周五）通常是每人 100～120 元，包括三餐；在周末（周六、周日），通常是每人 150 元，包括三餐。

在农家院住宿不仅会给人家的温馨感觉，人们还可以听到大海拍打岸边的声音，可以闻到大海的咸咸的气息。这里有山有水，远离城市的喧闹，在碧海蓝天之下，人们尽情享受迷人的滨海风情，放飞自己的思绪，畅想未来，这里给人一种美的享受。

农家院房间

2. 美食特色

俗话说，民以食为天，东戴河不仅拥有整洁的住宿条件，同时还有地道的农家美食。说起东戴河，人们最感兴趣的一定是海鲜。东戴河是渤海湾著名的原生态海域，也是中国北方难得的野生海鲜产地。清晨，每当渔民出海捕捞返回码头时，大量的农家院主们便会争先前来购买，这里的海鲜是非常新鲜的，种类齐全，鱼、虾、蟹、贝等应有尽有，且物美价廉，吃法有蒸、煮、烹、炸等。若品尝美食还不能满足游客贪玩儿的心，农家院还为游客们提供亲身捕捉海产品的机会。每天都会有游客来到海边，捡拾落潮过后的贝壳等。在金色的海滩上，游客们仿佛回到童年一般，拾起渔网，奔跑在海浪中；还有的游客喜欢垂钓，会早早地跑去码头出海钓鱼、捉螃蟹，然后回到农家院品尝自己的劳动成果做成的美味佳肴。

（a）　　（b）

海鲜大餐

为满足游客对饮食的不同需求，农家院除了主打海鲜之外，还会配有特色的农家炖菜和炒菜。暑期正是农家菜园收获的季节，许多游客都喜欢品尝当地纯绿色的农家菜，如烀玉米、茄子，炖土豆、豆角，大葱蘸大酱等。一桌人坐在一起，有家人，有朋友，有同事，随意地畅饮，忘记工作的烦恼，享受生活的美好！

东戴河依山傍海，不仅海产品丰富，而且是苹果和桃子的主产区，每当旅游旺季时，著名的王凤台果树农场的果农们也迎来了收获的季节。附近的村民都有自己的采摘园，他们拥有数量不等的果树，也会把新鲜的水果运到海边供游客购买。这里的苹果和桃子品种多，口感好，价格便宜，大部分游客都会品尝、购买这里的水果并给家里的亲朋好友带回一些。

(a)

(b)

东戴河水果

物产丰富的东戴河，利用它得天独厚的地理环境，为游客提供了大量的海产品和新鲜的水果，同时也养育了东戴河儿女，引领东戴河儿女迈向小康社会，奔向幸福的生活。

3. 游玩项目

(1)看海上日出。

(2)赶海。

(3)出海打鱼。

(4)篝火晚会，吃着烧烤、喝着啤酒，尽情地观看海边的篝火演出。

(5)沙滩排球、海上游泳、水上摩托艇等运动项目。

(6)果园采摘，晚上还有燃放烟花，放许愿灯，卡拉 OK 等互动项目。

三、旅游业拉动农家院的发展

东戴河的旅游旺季是每年的 6 ~ 9 月份，热情好客的农家院主人为自己积累了大量的游客，在短短的几个月中，收益多则可达几十万元，少则也有十几万元。东戴河旅游业的发展，大大拉动了当地农村经济的发展，家家户户生活变得条件优越，红砖小楼连成片与碧海蓝天相连，构成了绿色环保、宜居、宜游的社会主义新农村。

辽宁绥中东戴河人杰地灵，旅游业带动了东戴河人民的经济发展，大力发展旅游业，不仅美化了环境，更提高了人民的生活水平，习近平总书记提出，建设生态文明是关系人民福祉、关乎民族未来的大计，是实现中华民族伟大复兴中国梦的重要内容。绿水青山就是金山银山。辽宁绥中东戴河本着生态、文明、绿色、和谐的宗旨发展旅游业，是广大游客宜家宜游的理想选择。

发展道路是曲折的,前途是光明的！中国的改革发展正在不断地深入,正在崛起中的东戴河犹如一轮红日在徐徐升起,相信在党和政府的领导下,东戴河的明天会发展的更加美好！

大台山果树农场的经济价值与大台山抗日义勇军纪念馆教育价值

葫芦岛市绥中县大台山果树农场占地35平方千米，种植面积3万亩①，各种类型果树50余万株，水果产量达3 000万千克，产品通过各种渠道销售到海内外各地，带动了辽宁省经济的发展。同时，大台山果树农场又发展生态旅游产业，大大地提高了果树农场周围居民的收入，也拉动了整个绥中县的经济增长率。大台山果树农场不断更新经营理念，紧跟中国特色社会主义道路的步伐。大台山抗日义勇军纪念馆陈列了许多东北抗日义勇军的物件，揭示了日军侵略绥中的罪行。据不完全统计，前来参观的人数达到10余万人，包括社会各界人士。大台山抗日义勇军纪念馆潜移默化地发挥着其爱国主义的教育使命，来参观的中国人民已经将爱国主义精神传遍神州大地！

一、大台山果树农场及其经济价值

绥中县大台山果树农场位于绥中县城以西1千米处，北与高台镇隔渠相望，南与102国道紧密相连，西与沙河镇连接。全场东西距离为13.1千米，南北距离为3.35千米，总面积23.95平方千米，农场因场区北部的大台山而得名。大台山顶峰有一座明代石砌墩台，故名“大台山”。傍晚时分，从远处望去，晚霞中的墩台，像是雄伟的大将军伫立在山峰之上，凝视着远方，守护这片土地。大台山墩台因它特有的风格而被列为民国绥中八景之一。

大台山果树农场毗邻102国道、G1国家高速公路、京哈高速公路，绥中北外环公路穿插而过，场内乡村公路四通八达，交通十分便利。全场下辖第一果树分场、第二果树分场、第三果树分场、第四果树分场、第五果树分场、西大台果树分场、大生沟果树分场、鸡架山果树分场及抗日义勇军纪念馆等14个基层单位。

绥中县大台山果树农场始建于1949年。农场是葫芦岛市直属国有大型农垦企业。此地气候宜人，以生产水果为主，主要生产红富士、王林、乔纳金、黄元帅、寒富、国光等品种的苹果，还产有绥中白梨、满丰梨、油桃、核桃等水果，堪称“水果之乡”，水果产量达到15 000吨，其中苹果产量12 500吨。

大台山果树农场的经营方式、整改理念具有与时俱进、突破创新的特色。农场不断清理各种类型的垃圾、农业生产的废弃物，逐渐改善了生态环境。在整治环境的同时，农场还以推进改革垦区集团化、农场企业化为主线，体现了农垦建设在现代化农业中的主要引领

① 1亩≈666.67平方米。

作用,同时也为推进工业化、信息化、农业现代化建设提供了支撑。2019 年,我县大台山苹果文化采摘节成功举办。在采摘节上,商户展示各种苹果,喜庆地享受着丰收的成就。大台山果树农场苹果采摘节吸引了四面八方的游客达 2 万余人。有的游客一边欣赏丰收的果实,一边采摘自己喜欢的水果,他们说:"带回去,一定要让家人尝尝看美味的水果"。在这短短的几天里,农场卖出去的各种水果达30 000千克,产品供不应求,果农的收入比平时翻了 3 到 4 倍。这让场区周围的果农变得更富裕,也大大地刺激了当地消费。

大台山果树农场同时也发展着生态旅游,给居民提供了新的休闲场所。在不断地调整农业生产结构下,农民的收入大大增加,也促进了社会主义新农村的建设。每年都会有很多人来此地观光旅游,也带动了本地区各项产业的发展。作为特色的水果产业,农场的水果不仅线下销售,又开辟出了线上的销售渠道。水果主要是销往北上广等大中型城市。苹果也销往国外,并获得了相当好的经济效益。

近年来,利用农场的资源优势,大台山果树农场确定了"五区兴五业,一带连六场"的产业格局。"五区"是指场区内建立 5 个产业园区(基地),即 2.8 万亩的绿色果品基地,农副产品加工业园区,畜牧养殖区,汽车产业园区,文化、休闲、养老度假旅游区;"五业"指农场主要发展 5 个产业项目,即农产品商贸及物流储藏产业、水果苗木及花卉繁育产业、房地产开发业、生态公墓建设及其服务业、绥中建材市场及汽车贸易修配业;"一带"是指打造一个贯穿东部场区的旅游观光节;"六场"即旅游观光带的 6 个分场。大台山果树农场这样的经营理念会产生怎样的经济价值?首先大大促进了此城乡的人均收入,其次促进了绥中县经济的稳定增长。这将使大台山果树农场的发展蒸蒸日上。

二、大台山抗日义勇军纪念馆及其教育价值

绥中县大台山抗日义勇军纪念馆距离县城 7.5 千米,是辽宁省第一座由农民创建的纪念馆。纪念馆由村民孔大强、李文喜、陶国慷三人自费创建。创办纪念馆的目的是让下一代的孩子不要忘记过去的历史,进而开创未来。纪念馆于 2010 年 7 月建成,纪念馆占地 200 多平方米,共分为三个部分,分别介绍了东北抗日义勇军、绥中抗日义勇军和矾石抗日义勇军的组建、战绩和名将等历史资料。馆内有展板 30 多块,200 多件实物,其中展出了日本侵略军侵略中国东北的最有力的罪证。该纪念馆于 2013 年 5 月正式对外开放,展馆大门朝东,进入展厅映入眼帘的是一座高 2 米、长 5 米的大型浮雕,浮雕上谱写了抗日义勇军将士在抗战前线奋勇杀敌的场景,各种展板上诠释着东北抗日义勇军抗战的历史。走进纪念馆,能让我们深深地感受到爱国主义的浓厚气息。从历史文化的教育功能上来讲,大台山抗日纪念馆发挥极其重大的作用。

九一八事变后,东北地区出现了许多由民众组织的抗日武装队伍,绥中处于关卡地区,斗争尤其激烈。四十八路、十三路、三十路等各路义勇军被组建,与日本侵略军做出了生死搏斗。纪念馆让我们回看 1932 年绥中地区抗日斗争的历史。郑桂林,于 1932 年 1 月初,自己带领 100 多名弟兄来到绥中北部地区,组成了新的抗日武装队伍,对外号称"十七路"。日本侵略军侵占绥中过程中,郑桂林就到了绥中城矾石山村动员群众参加义勇军,他率绥

中义勇军打响了绥中地区抗日的第一枪。其中较著名的战役有矾石山村之役、梨石沟战役、鲍庄子战役等,经历百余次战斗,共歼敌数千,击毙敌机9架,毁敌坦克10辆,人们对此大大称赞,也得到了救国会的多次表扬与嘉奖。上海《申报》曾赞郑桂林“扰敌后方收奇功”“使日军受到莫大威胁”。

大台山抗日义勇军纪念馆的建立,不仅体现了抗日义勇军顽强拼搏、奋斗不息、不怕牺牲的英雄气概,更体现了我国中华儿女具有强烈的爱国主义精神。然而,它更向我们昭示了要牢记历史,让我们铭记这段血与泪的历史。

大台山果树农场的这片好景色,不仅给我们带来了巨大的经济效益,而且这里人们用高尚的灵魂教育着我们!人们坚信,经过一代代人不断的努力,大台山果树农场这个家园的明天会更加美好。

参考文献:

[1] 中共绥中县委宣传部.丹桂飘香[M].北京:人民文学出版社,2016.

[2] 中共绥中县委宣传部.灵秀河山[M].北京:人民文学出版社,2016.

近代绥中人

绥中历史悠久，人杰地灵。绥中建县于1902年（光绪二十八年），“绥”即安抚绥靖，“中”即县设在中后所，“绥中”是永远安宁的中后所之意。境内早在远古时期就有人类生息繁衍，在绥中镇北龙王山和镇西破台子都发现了新石器时代遗址，并出土彩陶罐耳部残片和空心鬲足等文物，这些文物属红山文化和黄河流域古文化遗址渊源相同。厚重的历史文化底蕴，哺育了一代代英才。

一、辽西第一果园创始人——智庆云

智庆云（1883—1943年），号蔚卿，沙河镇马家村人士。1923年他率先在辽西地区试验栽培种植苹果树，打破了该地区不能栽植苹果树的规律，创立了“大台山果林公司”。

1909年，智庆云毕业于奉天官立高级师范学堂。毕业之后在绥中县官立两等小学堂教书。1916年，被奉天省长张作霖授予高等小学副教员职称。不久，又被绥中县教育公所任命为上帝庙小学校长。

1923年绥中成立农务会，智庆云被任命为管理员。他将上帝庙小学附近的土地改为苗圃，至此为绥中的果业发展奠定了基础。

1923年秋，智庆云与二弟智庆生、三弟智庆恩以及当地富户乡绅，以集资入股的办法在大台山脚下创办了辽西第一个果园“大台山果林公司”，并任经理。果园占地面积2 000余亩，除栽植杏树和梨树各9 000株外，还引进500株苹果树苗进行栽植，打破了北纬40°以外不能栽植苹果树的生命禁区。之后智庆云又在鸡架山创办第二个果园“蔚昌农林公司”。

1931年后，智庆云更加专注经营果园，使果园不断发展壮大，逐渐受到绥中各界人士的关注，纷纷效仿创办果园，从而带动了绥中乃至辽西地区果树栽植事业的长足发展。

二、辽西慈善第一人——邓萼楼

邓萼楼，辽西知名绅士，绥中镇人，祖籍山东，后随父辈迁至绥中城内居住，一生乐善好施，被称颂为“邓善人”。

他毕业于兴城县集宁学堂简易师范班，受父亲遗嘱，大办慈善事业。

20世纪初期邓萼楼在兴城地区广捐钱粮，先后获得“好善乐施”匾额、“丕承先烈”匾额。1919年创设绥中县难民招待所，俗称“花子房”，他每年捐大洋1 000余元，获国民政府颁“慈惠可风”匾额。1933年，绥中县难民招待所改为“庇寒所”，他每年捐大洋2 000余元，1939年民生部颁给邓萼楼“士则世范”匾额。从此，“邓善人”称谓闻名东三省。

三、辽西烹饪界一代宗师——王甫亭

王甫亭(1912—1984),绥中县小庄子乡人,曾荣获"国家特一级厨师""中国鲁菜大师""中国扒菜大师""全国著名烹饪大师"称号,堪称烹饪界一代宗师。

王甫亭 14 岁入厨学艺。不久,他便到沈阳一家饭店做学徒。经过几年苦练,他继承传统鲁菜技艺,并博采众长,兼收并蓄,不断革新创造,终于形成了自己独特的技艺风格,顺利成为主厨。他烹饪的菜品闻名遐迩,誉满辽沈。

1950 年,王甫亭到沈阳市百货商店做厨师,之后又在沈阳饭店、勺园饭店等处做厨师。

20 世纪 70 年代,王甫亭出任沈阳厨师培训班主教,并晋升为国家特级厨师。他凭借着自己精湛的技艺,独特的烹饪手法,被《人民日报》誉为"鲁菜烹调大师"。

1983 年王甫亭被选为辽宁省、沈阳市人民代表,沈阳市政协委员、市总工会委员。多次被评为市劳动模范、优秀共产党员,全国财贸战线劳动模范。他逝世后,其徒弟继承衣钵,其技艺流传至今。

参考文献:

[1] 绥中县地方志编纂委员会. 绥中县志[M]. 北京:中国社会出版社,2002.
[2] 中共绥中县委宣传部. 风情物语[M]. 北京:人民文学出版社,2016.

建昌篇

建昌县的民俗文化

民俗文化，记录着人们生活的点点滴滴，是一个地区不同时期生活变化的写照。在这片我们深爱的土地上，朴实、勤劳的建昌人民，谱写了一曲属于他们自己的民俗乐章。

一、神话传说

神话传说，是伴随着一定的人类活动而出现的，是在古代神灵、图腾崇拜的基础上发展而来的，因此，往往都带有一层神秘的色彩。它是人们根据自己的愿望，并加以想象而不断演绎、流传下来的民间故事。不但反映和记录了一个地区开发和建设的历史进程，也反映了一个地区其地域的文化发展程度。起源并流传于建昌地区的神话传说有《女儿河传说》《平顶山的传说》《蟒挡坝名字的由来》等。

在建昌县鸽子洞乡和兴城交界，有座五指山，山中流出五股清泉汇成美丽的女儿河。相传女儿河原叫淤泥河，里面住着一个泥鳅精，长相凶恶，在当地称王称霸，每年要求村里送给他一个美丽的姑娘做娘娘，否则就淹没农田，百姓苦不堪言，但却敢怒不敢言。后来，一对年过半百的夫妻老来得女，在欢喜之余又害怕女儿被泥鳅精看中，一直把女儿藏在屋子里。女儿生日的这一天，老两口趁泥鳅精睡觉的时候，带女儿出去透透风。女孩看到外面的世界，有那么多新鲜的事物，她不理解父母为何要把自己藏起来，不允许出来。老夫妻无奈之下，含着泪道出了原由，女儿听后，便暗下决心消灭泥鳅精。她主动要求给泥鳅精做娘娘，不哭也不闹，泥鳅精很是欢喜。女孩向泥鳅精提出请求，就是给她一个月的时间，出去见见世面，又佯装担心泥鳅精在这期间被人害了。泥鳅精就道出了他的秘密，只有莲花山的莲花老人手里的屠龙刀才可以杀死他。姑娘牢牢记住这个秘密，跋山涉水取得屠龙刀，斩杀了泥鳅精。泥鳅精虽死，可河里的泥水却一直往上涌，为了根治淤泥河，姑娘想尽了办法，却成效甚微。就在她绝望之时，她的泪珠落下，掉进了河里，却涌出一股清泉，源源不断地流淌，流进大海，她开心地笑了，躺在地上再也没有醒过来。人们怀念她，把她埋在了河边，又为她修建了五个坟头，就是现在的五指山，她的泪水掉落到的清泉，分成五股向山下流去，变成了今天的五指河，而淤泥河也改成了女儿河。

二、地域语言

一个生活着几十万人口的地区，不同民族的人们在数百年甚至数千年的相处、杂居和融合中，早已形成了属于自己的地域特色。而语言就是其中一个典型代表。曾经那一句句耳熟能详的谚语、方言、歇后语等，每个人都会说上两句，如今有些已经被遗忘或者被网络流行语所取代,值得庆幸的是还有一部分依然存在。

方言也可以叫土语,是一个地方生活的人们共同认定的地方性语言,简单、明了,便于人们沟通,通过方言也会帮助你辨认出一个人来自哪个地方。

在日常的交流中,我们经常能听到冷不丁(突然)、不着调(干事没常性)、半当腰(中间)、波棱盖儿(膝盖)……这些话,一听到这些话及发音就能猜到这个人大概是哪里的。

方音也是一个影响方言土语的重要因素。它有东南西北之分,即使在建昌这样的县城境内,也有着很大的差别。

谚语,是人们在长期生产生活中慢慢积累而来的,源自人们对人、自然、天象的判定,流传民间。人们在平时的交流中,尤其是在老人们的交谈中,总会不经意间听到很多谚语。如种地不上粪,等于瞎胡混;六月六,看谷秀;庄稼一枝花,全靠肥当家;春天粪堆小,秋天粮食少;头伏萝卜,二伏菜……

民谣,不用乐器伴奏却传唱在乡野中,是人们在生活劳动中创造出来的。可以在哄孩子时哼唱;可以在劳动休息时喊上两句;还可以在高兴时,吟唱起来。不管哪种形式,都是人们情感的一种释放。

三、过年

一提到过年,人人身上都散发着一种发自内心的喜悦。家家户户进了腊月,就开启了忙碌的节奏。老人们总说,“一天不过年,就得忙年货”。

一到过年赶集的时候,各式各样的年货应有尽有,看得人眼花缭乱,但是都围绕着一个主题:红火、热闹。在熙熙攘攘的人群中,有穿着时尚的青年、朴素慈爱的老者,还有跑来跑去的孩童,都在按着自己的意愿,选择年货。虽然远远就能听到叫卖的声音、吆喝的声音,询问、讨价还价的声音,但是依然是一片祥和的画面,让人沉浸其中,无法自拔,不由自主地加入买年货的大军中,体验农村赶年集的乐趣。

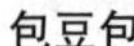

包豆包

集市上各种各样的对联

购置了年货还不算完,还要杀年猪、包豆包、做豆腐。以前,在农村每户家里都会养一头猪,现在,虽然养猪的人少了,但是依然保留着杀年猪的习惯。由于杀猪都集中在小年前后,所以叫“杀年猪”。在杀猪的时候,都会叫来左邻右舍、亲戚朋友来热闹热闹,男人们负责抓猪、杀猪、清理,女人们负责烧水、做饭,小半天的时间过后,人们围着饭桌,品尝着杀猪菜、猪血肠等佳肴,唠着家长里短,享受着生活的美好。

入冬后，每家都会根据各自的口味喜好，准备大黄米、江米、高粱米、小豆等淘米的材料，为了挑出里面的杂物或者沙子，先通过人工筛选一下，然后用温水清洗几遍，把它装在袋子里，沥出水分，为了黏度适当，在淘米时，会加入少量小米。在水分沥得差不多时，会把它带到磨坊磨成面，再用开水活好面，放在小缸里，把缸放在炕头，蒙上厚厚的一层布，进行发酵。接着要烀豆馅，可以根据个人的口味，加入适量的糖。第二天，一家人和左邻右舍开始包豆包、蒸豆包，不多时，黄乎乎、黏糊糊的豆包带着热气就出锅了，这不仅让人们有味觉的享受，还寓意着生活的甜甜蜜蜜。豆包冷冻后，还可以储存起来，便于长期食用。

做豆腐和淘米差不多，也需要先将黄豆泡好，然后去磨坊磨成豆浆，用大锅熬开，边熬边搅拌，防止假熟，然后把它盛在几个盆里，待温度降到适当时，找有经验的人，掺入少量卤水，点完后，放一会就可以吃豆腐脑了。为了便于保存，人们会把它做成豆腐，一部分是水豆腐，便于平常凉拌或者炖菜，还有一部分是冻成冻豆腐，存着炖菜用。

除此之外，人们还要写对联、贴对联、买爆竹。对联有的是自己手写的，现在更多的是买的。大多内容是对新一年的愿望，或者与生肖年有关，表达喜庆和吉祥。除此之外还要贴财神爷、灶王爷、门神爷、剪纸、年画等贴纸。爆竹也是品种繁多、各具特色，寓意着祥乐与美满。

对于这些地方习俗，也许有些已经跟不上时代的步伐，但是它依然留在我们的记忆里，因为那是我们小时候的味道，没了它们就缺了年味，少了我们这片土地最纯真的东西。

建昌的非物质文化遗产

非物质文化遗产作为文化的一部分，展现了一个地区，甚至一个国家的文化特色。虽然建昌是一个名不见经传的小地方，但是依然有自己的非物质文化遗产。我们作为一个土生土长的建昌人，更要知晓这些，即使不能讲得头头是道，也应该熟悉并了解这些非物质文化遗产。那你知道建昌有哪些重要的非物质文化遗产吗？它们是怎样产生的？各自又有什么特点？

一、建昌大秧歌

一提到建昌大秧歌，在东北无人不知，无人不晓。因其舞姿优美，形式多样，唱词幽默、通俗而备受人们的喜爱。它起源于清代，盛于民国，至今活跃不衰。

秧歌被称为“百戏之源”。建昌大秧歌的表演形式有高跷秧歌和地蹦秧歌两种。参与人数比较多，一般以 30～40 人为宜。扮演的角色多是戏剧里的人物，如唐僧、孙悟空、猪八戒等。在表演时，队形也经常变换，不拘泥于一种形式。大秧歌的歌词也多种多样，多随社会进步和时代需要而编排。在众多的秧歌类型中，最为流行的就是灯会秧歌。

建昌大秧歌

建昌灯会秧歌，流传在建昌县雷家店附近等乡镇，产生于清代初期，距今有 300 多年的历史。每年的正月十四到十六的三天晚上，家家都有点灯的习俗。正月十四晚上的灯叫“人灯”，正月十五晚上的灯叫“神灯”，正月十六晚上的灯叫“鬼灯”，寓意着家里可以人丁兴旺、四季平安、五谷丰登、六畜兴旺、驱鬼辟邪。灯会秧歌集中在元宵节晚上,可以通宵达旦。灯会秧歌在表演的时候,除了秧歌队外,很多地方还掺杂着舞龙、舞狮等形式,后边还带有"灯宫",队伍庞大,少则几十人,多则上百人。参与者在表演时有一定的顺序,如拜庙在先、"踩街"在后。还有多种跑场的套路,并带有绝活的表演。头饰讲究拉花的花山可高达 80 ~ 100 厘米,后面的飘带绣有各种图案。拉花左手持有荷花灯,祈求天地人合一、平安吉祥。脸谱变化大,丑角脸上画有各种昆虫图案。

建昌人多从山东、河北迁徙而来,所以灯会秧歌与山东、河北有"血缘关系",又保持发展了辽西的地域特色,对研究建昌的历史有很好的借鉴意义。

现如今,建昌秧歌作为人们喜闻乐见的民间艺术形式,其功能正在发生变化,正在向全民健身演变,甚至可以与广场舞相媲美。因其独特的魅力,在 2012 年成为市级非物质文化遗产项目。

二、建昌大鼓

建昌大鼓起源于清代初年,距今已有上百年的历史。

相传一些盲人,为了可以生存下去,往往会很小就拜师学艺,参与其中,久而久之,不但生活有了着落,还学习了一身本领,甚至成为当地有名的艺人。

大鼓在建昌很多地区都可以欣赏得到,风格、曲调既区别于东北大鼓,又不同于关内的西河、落亭大鼓,独具地域特色。它以大鼓调为主干,又揉进了莲花落、皮影戏等多种艺术成分。

建昌大鼓传承人李国银

建昌大鼓的演唱形式包括念白、唱腔。可分书帽、小段、正书三部分。表演时,可以在村边的空地,也可以在农户家的炕头,还可以在田间地头,甚至茶馆酒楼。表演可以在白天的任意时间或在傍晚时分,节日,结婚、开业等都可以见到表演大鼓的身影。当地很多年岁大的人,都可以来上几句,演绎的并不输专业的大鼓表演者。大鼓表演的道具也十分简单,只需要准备三弦、小鼓、竹板、醒木和扇子就可以了。表演内容大部分为歌颂忠良、抨击奸佞、反映民间爱情故事等。

建昌大鼓又称"说书""大鼓书"。至今有 20 多部鼓书作品流传,如《辞龙传》《三省庄》《双圣旨》……,大鼓艺术深受建昌人民的青睐。统计到新中国成立时,全县说书艺人有 30

多位。现在仍被人们津津乐道、耳熟能详的艺人有药王庙镇的于海文,雷家店乡李国银等,他们无疑是建昌大鼓的优秀传承人。

2007 年,建昌大鼓、鼓乐和灯会秧歌被列为省级非物质文化遗产。

建昌鼓乐的传承有着悠久的历史。据记载,清光绪年间山东逃荒艺人胡氏在玲珑塔传授鼓乐,逐渐形成了建昌鼓乐班子。建昌鼓乐在表演时,需要有唢呐、笛子、管子、笙、箫等乐器进行伴奏。

鼓乐在建昌及周边地区流行,尤其在农村地区流行甚广,每遇到婚嫁、丧事、秧歌队、庙会等场合,三五个人就组成固定的鼓乐队进行演奏。演奏曲目有多种形式,如大曲、小曲、卡戏、口哨、管子曲调等。流传下来的曲目有《句句双》《满堂红》《八匹马》等 100 多首,这些鼓乐曲调、曲目在其他地区并不多见,独具建昌特色。

建昌鼓乐分为三种,一是玲珑塔镇瓦盆窑的何氏鼓乐,二是药王庙镇康家沟周氏鼓乐,三是新开岭乡黄氏鼓乐。何氏鼓乐带有山东风格,可吹可咔,并伴有笙、管、笛、箫等合奏,给人一种震撼的感觉。周氏鼓乐讲究演奏技巧,指法古朴,擅长工车色独特。黄氏鼓乐带有河北风格,有《二两四》《柳河杨》《一阵风》等曲目流传。

三、建昌皮影

皮影,大多的年轻人只是在电视中看过,但是上了年纪的人却亲身经历过。建昌的皮影艺术来自河北地区,历史久远,深得百姓的喜爱。只要一有皮影表演,大人小孩便会兴高采烈地去捧场,并且沉浸在故事情节中。

皮影表演

皮影戏又称“影子戏”或“灯影戏”,是一种以兽皮或纸板做成的人物剪影来表演故事的民间戏剧。表演时,艺人们在白色幕布后面,一边操纵影人,一边用当地流行的曲调讲述故事,同时配以打击乐器和弦乐,有浓厚的乡土气息。其流行范围极为广泛,并因各地所演的声腔不同而形成多种多样的皮影戏。

建昌皮影在其产生和发展的过程中出现了许多有名的艺人。

据《建昌县志》记载,清光绪年间,建昌汤神庙街“韩老疙瘩”从关内学会唱皮影,此后皮影开始在县境内流行起来,并且涌现出很多技艺高超的皮影人。韩老疙瘩耍影人的技艺高超,一只手同时耍四个“影人”,每个“影人”动作各异。后台会有一个盲人负责拉胡琴和吹唢呐。演唱的影卷有《岳云扫北》《铁树开花》等 10 多部。

建昌二道湾子西簸箕皮影人中,刘继禄演旦角声音洪亮、唱腔优美,唱老生表情生动,张忠会唱丑角幽默滑稽,张殿甲拉胡琴指法灵活,他们都深受观众欢迎。影卷有《五峰会》《杨文广征西》等 20 多部。建昌的皮影人曾远到锦西江屯等地演出,他们演唱 30 余年,兴盛不衰。

黑山科南桥陈老稀唱《宝龙山救驾》这部戏,将 24 个“影人”一齐摆在影窗,他一手指缝夹4个“影子”,要起来丝毫不乱,扭的别致、协调。

建昌皮影表演一般需要5到7个人,其中拥有影箱的人叫影东,上线一人、下线一人、贴线一人、文场一人,全员演唱,贴线主唱。演出可以利用棚子、影窗户、灯等作为道具。演出角色有生、旦、净、丑。演出利用四胡、唢呐、鼓、板、锣作为伴奏乐器。影人由过去高八寸(1寸=3.3cm),发展到现在的一尺六寸(1尺=33.33cm),灯光布景也融入了很多现代科技。

建昌皮影的演出形式有会台和愿台两种。会台是为众人集体演出,为了娱乐、喜庆。愿台是为各家还愿演出,如求子、求寿、求平安、净宅、驱邪、祈福等。演出至少3天,多则半月。

建昌皮影唱腔属于板腔体,板式有慢板、二板、流水板、快板、散板。由于各地方言不一样、乡土民情也不一样,所以特色也不尽相同。如三顶七、五字锦、大悲等与其他皮影有不同之处。代表性的曲目很多,有《五峰会》《杨文广征西》《泥马渡康王》等百余部,多为神话、寓言、历史故事。影卷是皮影戏演出的基本条件,皮影艺人均以影卷多为荣,视影卷为固定资产。

新中国成立后,建昌皮影戏有所改革,影人加高,改用汽灯和电灯影照,还增添了布景,演唱演员增加了女角儿。影卷增加了传统剧目《三打白骨精》,还有现代剧目《小二黑结婚》等。

受现代流行声乐和新潮艺术表现形式冲击,建昌皮影儿艺术逐渐淡出人们的文化生活,皮影艺术在建昌濒临失传。可喜的是,近年来老大杖子乡农民王清江创办的“清江皮影艺术团”异军突起,大有发展势头。“清江皮影艺术团”由王清江和他妻子,还有他的弟弟、他的儿子为主要成员,他们唱古装戏,也唱现代戏。他们自己创作并演出,紧跟时代潮流,深受人们的欢迎。要路沟的于景礼也一直致力于这项艺术,并收集、保存了很多影卷作品。2010年,建昌皮影被选入辽宁省非物质文化遗产项目。皮影戏作为古老的民间传统艺术,作为建昌的非物质文化遗产,正在建昌大地再发光芒。

虽然这些非物质文化遗产已经离我们的生活越来越远,但是作为一个地方的特色,它们应该被保存下来,更应该被人们传承并发扬光大。这是我们的祖辈在长期的生产生活中创造出来的,是他们智慧的结晶,也是一个地区、一个国家传统文化的一部分。作为一个建昌人,不但要了解这些非物质文化遗产,知晓他们的历史,更应该将他们保护和传承下去,将建昌地方特色的非物质文化遗产发扬光大。

范敬宜在建昌

历史常被冠以“波澜壮阔”来彰显一个国家、一个民族的不平凡，但历史还有“润物无声”的一面。建昌的历史就是后者的鲜明写照，千百年来建昌就像那静静流淌的凌河水一样，波澜不惊地静看沧海桑田。在时间流淌过的轨迹中，也有人留下了许多平凡又感人的故事。范敬宜，一个深爱着这片土地的外乡人，他的生命和建昌永远的交织在一起，难以割舍。

一、恰同学少年

1931 年，范敬宜在江苏吴县出生，少年时的范敬宜拥有极高的学习天分，也是家里的宠儿，但抗日战争的爆发打破了这个孩子的幸福生活，也改变了他的命运。

日本侵略军轰炸苏州

抗日战争时期，苏州遭到侵华日军空袭，范敬宜全家连夜逃至光福镇，他们几经波折最终租到一间棺材铺的阁楼暂时栖身。没过多久苏州陷落，大病初愈的父亲忧愤交加，吐血身亡。这一晚，“鬼子”烧杀抢掠狂呼乱叫，这边的祖母和母亲搂着两个孩子，守着父亲的遗体，不敢点灯也不敢哭泣。这件事对年少的范敬宜产生了巨大影响，家仇国恨从此便埋在了他的心底，救国、报国成了他一生的追求与信念。

1938 年，范敬宜便跟着祖母、母亲、姐姐一起迁往上海，与姑母一起居住。其间范敬宜因病辍学，也正是这段辍学经历使他受到有别于学校的教育。

休学的时间里，母亲亲自教他中国古典名著，曾留学美国的姑母则成为他的英文老师。那时的范敬宜也展现出文学天赋，13 岁时便写出了“罢钓归来宿雨收，一溪绿水泛轻舟，诗情只在斜阳里，莫向云山深处求。”的诗句。后来，母亲又专门为他请来吴门画派传人樊伯炎先生亲自教他国画，范敬宜在山水书画方面有了一个很好的开端。

1949 年，18 岁的范敬宜顺利考入上海圣约翰大学中文系。圣约翰大学的学习生活奠定了范敬宜的新闻之路。在圣约翰读书的时光，比起中文专业，范敬宜更喜欢到新闻系听课，圣约翰大学新闻系主任黄嘉德先生便成了范敬宜的启蒙老师，在他的命题作品《我最喜欢的报纸》中范敬宜竟然得了 90 分的最高分。新闻系专业主办的校报，还破例邀请请中文系的范敬宜为编辑。

二、结缘建昌

上海圣约翰大学校址

范敬宜从上海圣约翰大学毕业以后，强烈的爱国之情使这个热血澎湃的年轻人毅然决然地选择“把诗情画意都轻放”，毫无顾虑地投身于烽烟弥漫的白山黑水间，想以满腔热血报效国家，因此便进了当时的《东北局机关报》(《东北日报》即《辽宁日报》前身)，开始了编辑的生涯。至此，范敬宜便与东北结下了不解之缘，这种缘分伴随了他的一生。1951 年，意气风发的范敬宜抱着对未来的向往坐上火车赶往东北，但是他绝没有想到，他的人生将会因此遭遇巨大挫折，多年青春年华，人生最为珍贵的时光，将在颠沛流离中度过。范敬宜在《浣溪沙 · 夏锄》中写道：“一袭轻衫锄一张，清风拂面槐花香，燕山脚下麦初黄。难得书生知稼穑，犹堪明目辨莠良，喜看遍地绿如洋。”

DUNGBEI KHBAO

东北日报

西滿我軍收復庫倫

東北我軍旬日收復七城

殲滅將軍一萬二千九百

半月殲敵三千餘

东北日报原版

1957 年，26 岁的范敬宜被认定为右派，送往辽阳接受劳动改造。1966 年，长达十年的“文化大革命”开始，1969 年，30 多岁的范敬宜，再一次受到迫害，被下放到建昌县，这一去就是 10 年。在建昌的日子是艰苦的，但是这种艰苦在他的眼里，却被赋予了一种“陶渊明”似的悠闲，充满了劳作的欢乐和收获的喜悦。

二道湾子公社是建昌县最贫困的地区之一，人们经常这样说：“一进大北沟，步步踩石头，天天喝稀粥”。范敬宜作为地道的南方人，从富饶的鱼米之乡来到贫困落后的北方山沟里。1969 年到 1972 年，他共在这里劳动了 3 年，各种脏活累活都可以轻松胜任，这位江南大才子成了地道的村里人。

范敬宜在建昌的十年，受到建昌人民的多方照顾，善良的建昌人民从没有对他另眼相看，1978 年春天，范敬宜在建昌光荣地加入了中国共产党，同一年他被调回《辽宁日报》。建昌人民为他所做的一切都成为范敬宜永远不能忘记的“恩情”，正是建昌人民的淳朴与善良才使得范敬宜在一生当中都无比怀念这片土地，同时他也以极大的热情回报建昌人民。

1993 年范敬宜担任《人民日报》总编辑。范敬宜从不曾忘记他生活了十年的建昌，他在《经济日报》上发表《勿忘黄土地》一文，反应大北沟人民生活现状引起了时任省长岳奇峰的高度重视。1994 年范敬宜给时任财政部部长刘仲黎写信，希望国家能对二道湾子乡的乡镇企业给予支持。1997 年范敬宜又为大北沟小学联系到了 20 万元捐款，建成大北沟希望小学，范敬宜还给建昌的“文化大楼”“劳动大厦”“城建大厦”题名。

三、留情千古

范敬宜(左)

2010年11月13日,建昌人民深爱着的范敬宜去世,建昌人民非常悲痛,各界人士都以自己的方式悼念范敬宜同志。

“蹉跎岁月走山脚,勤恳朴实民知晓。征途路上谱新篇,塞上辽西缅范老,惊悉范翁仙逝,悲痛难当!虽未与其谋面,但耳濡其人格之魅,才学之深,敬佩无言!拙笔曾书其名,浅语叙其事,敬之深深。”这是建昌人民的心声,人们用诗歌的方式悼念这位建昌的老朋友。

范敬宜老先生在生命的最后时刻仍然想着建昌这片土地以及这里的“亲人”。他曾在病床上说“等我病好了,一定要再回建昌一趟,看看那里的山水,看看那里的故人和朋友……”范敬宜对建昌的热爱让我们动容,这种对彼此的怀念见证了当年的情谊。建昌人民把《范敬宜在建昌的日子里》一书放于先生墓前,告诉他“建昌十年,情谊永远”,我们的情谊“山高水长”,这些都表现了建昌人民对范敬宜的尊敬和爱戴。

建昌县种植业发展

种植业是农业的主要组成部分,狭义的农业指的就是种植业。建昌县种植业历史悠久,它的稳定发展,对建昌县经济的发展和人民生活的改善意义重大。从新中国成立到现在,建昌县的种植业发生了怎样的变化,又面临哪些困境?怎样才能冲破瓶颈实现突破性发展?这些问题值得我们建昌人民深思。

一、中华人民共和国成立后建昌县种植业发展概况

新中国成立后,建昌县种植业结构更加合理,高效农作物面积不断增加。粮食作物方面,增大了稻麦的播种面积;蔬菜面积逐年增加;经济作物方面,棉花播种面积逐年扩大;油料作物方面,花生、芝麻的播种面积不断增加;甘薯、马铃薯以及农作物新品种播种面积有所增加。

新中国成立初期,建昌县内粮食作物种植主要是高粱、玉米、谷子,其次是麦子、地瓜和糜黍。

高粱

玉米

高粱为建昌县内大宗粮油作物,建国初期高粱播种面积居第一位。1950 年高粱播种 297 210 亩,占当年粮油播种总面积的 48.28%,1954 年播种 321 315 亩,占当年粮油播种总面积的 37.95%,之后由于玉米种植面积逐年增多,故高粱种植面积随之减少。70 年代后期,由于引进良种,高粱种植面积有所回升。

新中国成立后,人民在生产实践中认识到玉米抗灾能力强、产量高等优点,其种植面积逐年增加。70 年代后期由于高粱杂交的优势,使玉米种植面积减少至 15 万亩左右。80 年代开始回升,现在玉米的播种面积居第一位。

1949 年全县播种谷子 304 320 亩,占当年播种面积的 37.56%。70 年代,由于谷子产量低,被列为禁种品种,到 1978 年下降到 85 411 亩,仅占粮豆播种面积的 10.38%。此后,由于人民生活和饲草的需要,谷子播种面积逐年增加,基本稳定在 15 万亩以上。

小麦在建昌县内虽有较长的种植历史,但受水源

限制,一直是分散种植。新中国成立后小麦种植面积呈波浪式,时高时低不够稳定。其产量在1982年曾达130千克。2000年播种面积达到38 730亩。

水稻在新中国成立前六股河流域曾有种植,面积不大,新中国成立后逐年变大。

建昌县的经济作物主要有棉花、麻类和烟叶。新中国成立后,棉花播种面积逐年变大,1950年播种87 435亩,占全县经济作物播种面积的83,55%,占总播种面积的9.92%。由于其产量较低,1956—1972年,每年播种5~7万亩,1985年,因种植结构调整,棉花播种38 591亩,占总播种面积的4.75%。2000年全县共播种棉花11 550亩,平均单产皮棉41千克,亩效益是粮食的3倍。

建昌县的油料作物主要有大豆、芝麻、蓖麻,70年代引种花生和向日葵。它们的播种面积也在逐年变大。

2000年,全县播种红薯和马铃薯(两薯)6万亩,最高单产4 000千克,每亩收入达2 000元,亩效益是种粮食的3倍以上。

农作物新品种的播种面积也在不断增加。2000年,全县共引进推广新品种播种面达60万亩,占农作物总播种面积的80%。

2000年根据市政府"千村百户"高效农业示范工程要求,结合县具体情况,县农业局组建了粮食、蔬菜、棉花、食用菌、粮菜复种、粮油复种、两薯薯脱毒7个课题组,在14个乡镇、23个行政村、230户落实9个项目,取得较好效果。2002年,共建立县级示范园两个、高效农业示范田21块,示范面积达15万亩。全县"百村千户"活动达到了辐射广、榜样好的目的,收到了做给农民看、引导农民干的良好效果。

县农业局为使全县农业再上新台阶,探索出"两高一优"农业发展新路,高度重视农业试验、为农业发展增加新的活力。2002年,建昌县现代生态农业示范园区建设完毕。该园区在引导建昌县农业向生态、绿色和高科技方向发展,与国际接轨等方面起了领头雁的作用,为全县农民科学种田树立了样板。

二、种植业的生产关系变革

新中国成立后,建昌县从1947年开始实行土地改革,此项工作团下令各村地主、富农交出粮食、武器、浮财、地契等物品,对不法地主和富农分子由农会集中进行问讯。1948年开始,在全县丈量土地,按土地质量分上、中、下3个等级,按人数平分,实现耕者有其田。这使农民的生产积极性得到大大提高。

1953年全县开始建立初级农业合作社,数量有25个,入社农户达599户,3 260人,入社土地6 290亩。初级农业生产合作社土地仍属社员所有,实行土地劳力入股分红。耕畜、车辆等生产资料分别采取租借、入股分红、作价转为投资的办法,生产资料归初级合作社使用。

1956年随着全国高级合作社的建立和发展,全县成立139个高级农业生产合作社,入社农户43 343户,占总农户的70%。农业合作化高潮推动了农业生产的发展,高级合作社土地归集体所有,取消土地分红。耕畜、大型农具和车辆等生产资料均作价入社,社员自己只有少部分自留地和小农具。这种生产组织形式有利于合理规划并统一进行农田基本建设,也有利于开展劳动协作。但因条件不太成熟、基层干部缺乏管理经验、农民思想准备不充分等原因,损失浪费现象也十分严重。因按劳取酬政策不能兑现,在一定程度上挫伤了社员的生产积极性。

1958 年,人民公社试点在建昌镇进行。用了一个月时间,将全县 29 个乡(镇)的 56 个高级农业生产合作社改建为 10 个人民公社,取消乡建制,并实行政社合一体制。人民公社的建立忽略了某些客观条件,各种权力过多集中在一处,基层生产单位没有自主权,挫伤了社员群众的生产积极性。后因历史原因,农业生产长发展缓慢。据统计,1980 年全县共有 192 个困难生产队。

1978 年中国共产党的十一届三中全会以后,建昌县不断清除存在问题的指导思想,积极进行农村经济体制改革,建立起多种形式的生产责任制,扩大了农民的经营自主权,使农村生产关系得到调整,调动了农民的生产积极性。1984 年全县落实了家庭联产承包责任制。

三、种植业遇到的问题

新中国成立后,建昌县仍然没有完全摆脱“靠天吃饭”的状况。根据《建昌县志》记载,从 1949 年到 1985 年,建昌县遭遇水灾 14 次,旱灾 18 次,风灾 12 次,冰雹灾害 24 次。从 1959 年到 1982 年,有 4 年出现春寒,频率为 16.7%,倒春寒出现 5 年,春寒年景会推迟播种期,甚至发生烂种现象。从 1949 到 1973 年,遭遇虫灾 18 次,生产条件仍需继续改善。

建昌县地势复杂,全县山川面积 435 330 亩,占总面积的 9.1%,主要在大凌河、青龙河发源地附近。低山面积 2 684 256 亩,占总面积的 56.3%,主要在大凌河的中、下段和六股河发源地附近。丘陵面积 690 705 亩,占总面积的 14.5%。河谷平原面积 955 170 亩,占总面积的 20.1%,主要在六股河和大凌河中、下段主河岸两侧。建昌的地势是靠近平原皆为丘陵,所以难以推广大规模机械化生产。

随着改革开放的发展,建昌县进城务工人员日渐增多,大部分家庭只剩下老人、孩子。到了播种或秋收季节,农村中就出现了雇工种田、收田的现象,随着进城务工人员越来越多,这种现象有日益普遍的趋势。

四、对未来的展望

积极引导农民,大力发展蔬菜大棚、两薯、棉花、杂粮等高产高效作物和特色农业,使农民的收入有所提高。由于现代人越来越重视食品安全,对发展生态农业可以说是一个契机。在种植作物的过程中不过多使用农药、化肥,让其自然成熟,虽然在这个过程中会耗费很大的人力,提高了成本,但是这样生产出来的作物价格也相应提高。建昌县已经有村子做出了榜样,效果也很显著。

实践证明,没有水利为主的农业基础设施作保证,农业难以取得实质性地发展,这就需要政府加大力度治山治水,对六股河、大凌河实行山水林田路综合治理。政府加大农业投入力度,增强农业基础设施建设,可使全县防御灾害的能力进一步提高。

建昌县地势复杂,农业的规模化生产难度很大。县外出务工人员较多,到播种、秋收季节劳动力不足,所以可适当地发展规模化农业,当然这需要有一个过程,还有一系列问题需要解决。首要的就是土地集中的问题,然后根据地势决定种植物品种,也可以适当扩大生产规模,或把种植大户的种植经验教给大家。另外,可以培养一支会使用现代化农具,生产效率高的劳动团队。

参考文献:

[1] 辽宁省建昌县县志编纂委员会. 建昌县志[M]. 沈阳:辽宁大学出版社,1992.

建昌县农业水利设施的发展历程

新中国成立以前,统治阶级很少建设水利工程,大多是农民自发修渠、打井,利用河水、井水灌田。新中国成立后,新中国政府领导人民兴修水利。建国初期,建昌县开始恢复经济,财力紧张,修小型农田水利工程,开挖自流渠;1957—1963 年修大中型水库一座,在大中型水库修建的基础上又修建了一些小水电站,如打机电井、发展机电站、开自流渠、拦河截潜,70 年代进行喷滴灌试验。

一、大、中型水库及水电站的修建

1. 宫山咀水库

为了改变建昌县干旱对农业的影响,1958 年 9 月,建昌县大型水库宫山咀水库破土动工。宫山咀水库位于宫山咀乡内大凌河上游,1961 年 4 月 1 日合拢拦洪,1963 年竣工,全长 688 米,水库按 100 年一遇防洪标准设计,1 000 年一遇洪水校核,总库容 1.27 亿立方米。宫山咀水库设计灌溉范围包括建昌、喀左两县,是一座集防洪、灌溉、发电、养鱼、旅游等多项功能为一体的大型水库。

1975 年,原辽宁省水电勘测设计院技术员"五七战士"胡正楠为水库设计出隔板梁式锥形铰座弧型钢闸门,这种闸门受力条件好,启动灵活。1977 年 6 月,闸门安装完毕(表 2)。

表 2　1975—1985 年宫山咀水库灌溉情况统计表

年度	灌溉面积/亩			灌溉放水量/万立方米	平均每亩放水量/立方米
	合计	建昌灌区	凌丰灌区		
1975	14 200	7 000	7 200	2 490	1 754
1976	13 500	7 000	6 500	2 004	1 484
1977	7 600	2 100	5 500	701	922
1978	10 600	4 000	6 600	1 633	1 541
1979	31 300	12 300	19 000	1 517	485
1980	19 800	12 300	7 500	792	400
1981	21 200	9 200	12 000	848	400
1982	10 750	5 000	5 750	430	400
1983	4 000	4 000	——	200	500

续表

年度	灌溉面积/亩			灌溉放水量/万立方米	平均每亩放水量/立方米
	合计	建昌灌区	凌丰灌区		
1984	4 000	4 000	——	200	500
1985	1 200	1 200	——	98	816

2. 马道子水库

马道子水库是以防洪、灌溉为主,发电、养鱼为辅的综合利用型水库。它位于六股河支流的云山洞河中游,流域面积62平方千米。从1958年5月16日建昌县马道子中型水库开始动工修建,1961年10月竣工。

3. 马道子水库电站

马道子水库电站于1961年修建,1962年安装横轴金属涡壳42型水轮发电机组1台,容量75kW,年平均发电10万kW·h。1961年架设6.6kV输电线路5千米。1979年11月至1980年5月扩建,安装了HI123-WJ-50型机组1台,容量200kW,年平均发电量10万kW·h。两台机组同时运行,最高发电量39.6万kW·h。

4. 宫山咀水库坝后电站

宫山咀水库坝后电站于1970年1月兴建,1971年9月安装了320 kW发电机组,10月1日正式发电。1973年4月宫山咀水库坝后电站与樱桃沟变电所联网,由电站架设11千米的10 kV线路。1975年9月1 000 kW安装工程竣工投产发电。

宫山咀水库大坝

5. 天齐庙水电站

天齐庙水电站位于黑山灌渠渠首,于1977年10月动工,1981年12月竣工,1984年10月投产发电,总装机容量800kW,当年发电量为26.514万kW·h。1985年发电量为154.4万kW·h。

6. 素珠营子水电站

素珠营子水电站位于宫山咀水库右干渠中段,1977年5月动工修建,1981年12月竣工,1985年投产发电,总装机容量185kW,1985年2月投产后,当年发电7万kW·h。

二、黑山灌渠的修建

为了改变建昌县干旱对农业的影响，利用宫山咀水库的水利资源，早在1959年，就曾修建过宫山咀至蟒挡坝段的灌渠，由于工程不配套，加之水源不足等原因，除部分队社在春季播种和冬灌中利用一些外，未能发挥更大作用。

1975年，在"农业学大寨"运动的影响下，当时的县革命委员会把修建黑山灌渠列入第5个"五年计划"的骨干工程。黑山灌渠从1975年11月开工至1981年1月根据国民经济调整方针缓建停工，历时5年，投资总额770.1万元。完成主干渠9 000米。灌渠主体工程由大连理工大学水利系师生设计，灌区分总干渠、分干渠、支渠、斗渠四级渠道。其中总干渠由渠道进水闸沿黑山修建，经过雷家店和黑山科两公社，到毛河与巴什罕河分水岭为止，全长18 780米。渡槽的设计根据地形需要有8种不同的结构类型，渠道断面为矩形浆砌石渠道。

1980年10月，黑山灌渠进行第一次给水实验。1981年与1984年又进行了两次给水实验，在九号渠道发生渗漏，其他各段也有不同程度的渗漏现象。截至1985年底，黑山灌渠实际有效灌溉面积6 500亩，不足原设计灌溉面积75 000亩的10%。经过分析，黑山灌渠不能发挥作用的原因包括：一是当时工程急于求成，没有逐段施工，逐段受益，而是全面铺开，战线过长，造成财力、人力、物力的浪费；二是施工管理上，施工人员中技术人员较少，管理人员、质量检查人员未经过技术培训，管理不够科学影响了工程质量；三是施工中，渡槽吊装件在安装时有的预制件受到损坏，拼装不好，使用粉煤灰砂浆灌浆时没有严格按照配比规定执行，造成渠道渗漏，工程的各部分不能及时配套，一环受损，全线皆停，阻碍工程发挥作用。

三、喷滴灌工程

1977年，建昌县水利局规划在汤神庙公社马营子大队建立喷灌试点，使用柴油机带动水泵抽水，通过水泥管和塑料管将水送到喷头，喷头可以进行全圆浇，扇形浇、半面浇，当年喷灌浇地3 000亩，粮食产量比之前提高30%。喷灌技术避免了渠道浇地的渗漏蒸发；节省挖渠堵口的劳动力；不用修渠占用耕地；雾状水珠类似人工降雨，不会冲走肥料；防止土地板结，有利于作物生长；冲掉作物叶面尘土，有利于作物光合作用；浇地均匀，不会出现渠道灌水所出现的"高地旱，低地涝，跑了水，浇了道的现象。1978年，建昌镇北营大队菜园进行蔬菜滴灌试验，方法是用塑料管把水送至滴头，自行控制滴水速度，适时适量，保持土壤湿度。试验证明，蔬菜滴灌可增产20%。1981年头道营子乡铝制品厂在技术工人海宪武的带领下，制造出一种新型喷头——铝合金喷头。这种喷头比铸铁喷头和玻璃钢喷头的强度高、雾化好、喷程远，质量超过省内同类产品。1981年，建昌县水利局组织在头道营子公社山湾水库果园进行滴灌试验，为100棵果树安装滴头，每棵树安装3～5个，试验结果证明水果产量可提高30%，水果含糖量也有所提高。滴灌和喷灌一样，有省水、省地、省人工的优点（表3）。

表3　1979—1985年全县喷滴灌发展情况统计表

年度	喷灌		滴灌	
	处数/处	面积/亩	处数/处	面积/亩
1979	24	5 000		
1980	34	10 000	2	100
1981	81	16 100	4	100
1982	87	16 100	5	581
1983	87	16 100	6	685
1984	87	16 100	6	685
1985	87	16 100	9	12 645

四、其他农业水利灌溉工程

1. 机电井

在过去，建昌县的人们用土井灌溉，1960年后开始打机井，用锅驼机（后报废）和柴油机作为抽水灌溉动力。1963年人们在玲珑塔公社平坊子打出全县第一眼机井，以柴油为动力抽水浇灌农田，同年，有两眼井使用电动机抽水。机电井的出现，扩大了浇地面积。70年代中期，农田水利事业发展迅速，全县累计农田配套机电深井2 962眼，建提水站40座。到1980年，灌溉工程设计面积47.77万亩，占耕地面积的44.1%，有效灌溉面积23.57万亩，占设计面积的49.3%，旱涝保收田面积10.7万亩，占有效灌溉面积的45.4%。

2. 提灌站

建昌县从50年代末发展机灌站，从60年代初开始发展电灌站，到1985年全县有提灌站145处，装机容量2 907kW。

3. 自流渠

1957年建昌县开自流引水渠4条，灌地3 950亩。其中，西簸箕自流渠灌溉1 500亩，章京营子自流渠灌溉2 000亩，白塔子自流渠灌溉300亩，彭仗子自流渠灌溉150亩。到1985年全县有自流引水工程28处，设计灌溉面积9 700亩，实际灌溉面积4 375亩。

4. 截潜流

1985年，建昌县保留截引潜流工程7处，总控制灌溉面积2 900亩，其中工程较大的有药王庙乡湾沟、二道湾子后城子、素珠营子白庙子、佟杖子、头道营子、后狮子沟等处。

建昌县气候干旱，年降水量550mm左右。新中国成立前这里没有水利工程，水土流失严重，农业生产极不稳定。新中国成立后，建昌县进行了大规模的水利建设，兴修水库塘坝、建立提水站、开发水利资源、为促进农业生产起到了重要作用。其作用体现是一方面，有利于农业生产中避免出现旱灾、涝灾等状况；另一方面能够较好地保证农业经济的持续性发展，进而改善农民饮水情况，提高农民生活水平。

参考文献:

[1] 辽宁省建昌县县志编纂委员会. 建昌县志[M]. 沈阳:辽宁大学出版社,1992.

建昌交通

建昌是葫芦岛市的一个县城,随着社会生产力的提高,经济的快速发展,交通事业也发生了翻天覆地的变化,尤其是改革开放以来,建昌人民劈山修路、架设桥梁,大力发展交通事业。本节主要介绍了建昌如何克服困难发展了现在有序的交通运输网。

一、古代建昌交通

建昌县位于辽宁省西南部,地处燕山东北麓、辽西走廊之西侧。

建昌县境内西部多山,地当大凌河南源即主流之上游;东部多丘陵,六股河自北向南纵贯其间。山峦起伏,沟壑纵横的地理形势,决定了这里古代道路走向多是依山傍谷。辽金之前,大凌河谷与青龙河谷为东北与华北之间相联系的主要通道。建昌县西南部与河北省青龙县交界之盘岭、石门岭、龟石岭等著名隘口,是辽西与冀东两地之间的天然孔道。出土文物与实地踏勘证明:逆大凌河谷而上,越石门岭,再沿青龙河东源西去,为古代孤竹国与令支国之间的捷路,沿六股河而下则是汉代柳城南抵傍海道之通途。

建昌东部,地处六股河上游,顺河谷而下,可达绥中;其西部,地处大凌河上游,溯河谷而上,翻山分水岭即可进入青龙河流域。

古代,由于生产力低下,人们沿河谷踏拓道路,几乎历代相袭。鸦片战争以后在今建昌县境内形成了干沟线、关所线、朝阳府县三条繁忙运输路线。

清代,建昌在塔子沟(凌源)厅管辖下,未设交通管理机构。道路维修管理工作主要由商户集资略加清理与维修。乡村道路分段摊派民众出工维修。此外,也有慈善家自愿搭设临时便桥,以利行旅,籍以为善。

相传,清初有12个妇人立志行善,为方便世人在陡崖凿岩修路,她们在劈石时口喊:“石门开,石门开,十二个寡妇修路来。”后来终于修成一条宽4米,长15米的石缝,畜力车可以通行。此岭故被取名为大石门子岭。山顶有清代道光年间竖立的石碑数座,其中有的碑文为举人吕鹏凌所撰写。

修石门岭疏头

举人吕鹏凌

吕鹏凌撰写的碑文

历史遗留的桥梁不多,桥志铭所记的也都是清代修建。古桥子村位于唐神庙乡西5千米处,是原凌渝路必经之地。古桥子村的桥位于岭顶,有两块固定岩石,形似桥状,来往车辆从岩石上通过,故称之谓“古桥”。

二、新中国成立前的建昌交通

民国时期的建昌道路无甚发展，多是在原有官道上加以补修，在数量上略有增加。

民国元年到民国 20 年建昌境内车马大道主要有 7 条。民国 14 年，凌源县地方官绅以官发粮秣之款购置 3 辆汽车，往来于凌源、建昌、绥中之间，经营长途运输，此为建昌县汽车货运之始。不久，汽车为强有力者攫为己有。其后有 10 余年，主要运输工具仍是骡马大铁车和驮子。随着凌绥长途汽车路的修建，建昌经黑山科、沙河哨而至绥中的运输线愈加畅旺，主要通行骡马大车，交通已经接近哈达干沟线。民国时期的桥梁多为临时性木桥和冬季便桥。

宫山咀木桥建于民国 24 年，位于凌绥线宫山咀，大凌河上游。桥的结构为木桩排架，长 100 米，宽 4 米，两侧设有木栏杆，夏季洪水冲不毁，冬季则顺利通车，为来往人民提供了方便条件，解放战争期间被烧毁。

1935 年成立凌南县长途汽车股份有限公司，开始经营汽车运输业，日本为了实现其军事侵略和经济掠夺目的，强迫民众修路建桥。在今建昌县境内共建警备道 12 条，共计363.5 千米。1937 年，凌绥县国道运行客运汽车，1939 年，凌源经建昌至锦州、建昌至绥中、建昌至青龙的干沟镇，都开通了客运班车。20 世纪 30 年代前期，建昌一带的运输工具仍以畜力车为主，工具笨重、运量少、效率低。20 世纪 30 年代后期，胶轮畜力车的出现和推广应用使运输效率有了很大提高。

三、新中国成立后的建昌交通

1949 年 10 月 1 日，中华人民共和国宣布成立，1950 年 10 月 22 日，奉热河省人民政府成立建昌县交通科，1952 年撤销，直到 1954 年 9 月复设交通科，1958 年 1 月改称交通局，1976 年交通局内设路政股，加强路政管理，中国共产党第十一届中央委员会第三次全体会议之后，建昌交通运输业呈现发展新局面。

到 1985 年全县建成国级公路绥克公路 1 条，长 51.05 千米；省级公路朝青公路 1 条，长 92.3 千米；县级公路有玲兴公路、喇龟公路、腰喇公路、平瓦公路 4 条，是国、省两条干线建昌县公路分布图的支线，构成贯穿全县 32 个乡镇互相交往的重要交通网；乡级公路有朱锦线、和新线、建王线、蟒喇线等 16 条，共计 303 千米，乡道是县级公路的支线，也是县城通往各乡、村以及乡与乡之间互相往来的交通路线。同时建成黑色路面 3 段，总长 22.57 千米，黑色路面即沥青路面，对公路路面石料进行黏结处理而成型的路面，这是公路发展的方向；铁路 1 条，建昌县境内铁路主要有魏塔线，其次是专用线。微塔铁路兴建于 1970 年 11 月 10 日，1972 年 10 月 30 日接轨通车，县境内里程 70.157 千米，县内铁路专用线长 4.234 千米。

新中国成立初，由于技术和财力限制，建的桥梁仍属临时性的或半永久性的。1962 年始，国家分配给建昌县两名道桥专业毕业生，担任见习技术员，开展科技活动，加速公路建设和桥梁建筑。

建凌大桥

通过借鉴,引用和发明创造,截至 1985 年底,建有各种类型桥梁 79 座,其中大型桥梁 8 座长约 1 488 米,中型桥梁 8 座长约 414 米,小桥 54 座长约 730 米。这使国省干线和县级重点公路基本满足了运输上的要求。

建凌大桥于 1950 年 10 月竣工,全长 310.5 米,是辽宁省在 20 世纪 50 年代修建的第一座大型实腹式圆弧料石无铰拱桥,1984 年宽由 7.5 米增加到 15.5 米,1985 年 7 月被定为"省优质工程",通车以来,为加快辽西地区经济建设提供了便利条件。

宫山咀大桥,1969 年 10 月竣工通车,是当时东北境内跨径最大的空腹式等截面悬链线双曲拱桥,1978 年获朝阳地区重大科技成果奖。

建兴高速公路于 2014 年 9 月 26 日提前一个月建成通车,主线路 79 千米,高速公路建成后,带动建昌及周边地区的发展,拓展了当地发展空间和提升发展环境,促进资源开发,推动沿海与腹地的跨区域合作,为招商引资提供便利。

建昌城市图

随着道路的修建与发展,建昌经济也随之发展,建昌运输业也发生着翻天覆地的变化,建昌沿着现代化建设的方向前进,将为社会主义各项建设事业的发展发挥重大作用。

参考文献:

[1] 建昌县交通史志编纂委员会. 建昌交通志[M]. 沈阳:辽宁大学出版社,1990.

综合篇

葫芦岛筑港历程

葫芦岛港位于辽宁省葫芦岛市区西南部辽东湾内，属龙港区，明代称“葫芦套”，因其形状似葫芦而得名。港阔水深，夏避风浪，冬微结薄冰，为不冻良港。历史上葫芦岛筑港一波三折才得以完成。现在年货物吞吐量超过 3 000 万吨，成为渤海之内一个能源大港。

一、葫芦岛筑港

1930 年，张学良开始修筑葫芦岛港，当时国内各界赞扬此次筑港是 20 年来的伟大壮举，堪称“中国复兴之曙光”。

张学良下决心修筑葫芦岛港不仅有自然、历史的原因，也有更深刻的现实意义。葫芦岛港位于渤海湾的北岸，现葫芦岛市所属连山湾内，介于秦皇岛、营口两港之间，地处辽西走廊的中部。岛上山峦起伏，气候温和，夏无飓风，冬不结冰，被誉为东北天然良港。葫芦岛港修成后，它西与秦皇岛相连，北与京奉路相连，军事上，可控制华北地区。

1. 筹备

从张学良任职东北开始，就提出了“东北新建设”的号召，大事之一就是在葫芦岛开工筑港。1927 年 3 月，张学良派人测量海岸线。1929 年 3 月，张学良亲自视察葫芦岛港。同年秋天，国民政府铁道部部长孙科巡视北宁铁路沿线，在沈阳与张学良举行会谈，张学良的筑港提议得到孙科的支持。经过多次的磋商，下设立港务处，由高纪毅兼管筑港。

1930 年 1 月 24 日，高纪毅与荷兰治港公司总代表陶普施在天津签订《建筑葫芦岛海港合同》规定，全部工程工期 5 年 6 个月，限于 1935 年 10 月 15 日以前完成。

经过多方面的准备，筑港进入实质性建设阶段并确定在同年 7 月 2 日葫芦岛筑港开工典礼正式举行。

筑港开工典礼共有 8 项程序。

第一项，奏乐开会。此时，停在岛外的 5 艘军舰鸣礼炮。舰上官兵登陆奏乐，由连山飞来的 3 架飞机在上空盘旋，表示庆贺。

第二项，全体来宾向国旗、党旗敬礼。

第三项，由东北交通委员会委员长、北宁铁路局局长、葫芦岛驻港工程负责人高纪毅进行开工典礼长篇致词。

第四项，由张学良同志、东北政务委员会代表刘尚清分别训词。张学良当时在训词中指出，葫芦岛港的建设就全国以观，洵属一大建设事业，……此次必须完成，葫芦岛港不仅利于中国，利于东北，实可有贡献于世界……张学良的讲话多次被掌声打断。

第五项，来宾演说、致辞。

第六项，在室外举行纪念碑揭幕和炸山开工仪式。室内典礼程序结束后，张学良与参加开工典礼的各方代表共同来到一号楼外，进行纪念碑揭幕和炸山开工仪式。纪念碑在港口正向树立，正面刻有隶书八分体大字："葫芦岛筑港开工纪念"，背面刻魏碑体碑文，为张学良亲自撰写。碑座正面刻"中华民国十九年七月二日立"，背面刻粗体"1930"年代标记，两侧雕刻盾形云纹。张学良撰写的8行正楷碑文，共219字。

碑文如下："葫芦岛者形势天然，海口不冻北方之良港也。自有清末叶迄乎今兹，倡议兴筑者屡矣。顾以费巨工坚，事弗克举。民国十八年夏，国民政府铁道部孙部长科，以北宁铁路无良港为之吞吐也，乃赓续前议。移北宁之羡余，资斯港之完成。于是命北宁铁路管理局高局长纪毅董其役，复于路局附设港务处以专其责，属荷兰治港公司以承其工，期以五年又半港工告竣。同时规划市井，辟为商埠，崎屿盛哉！二十载经营未就之伟业，行将观厥成功，其于中国北部海陆联系之利，顾不重且大欤？爰于肇基之日，泐石记其涯略，以示方来，且为程功之左券焉。张学良撰。"

纪念碑的右方有旗杆一根及炮台一座，炮为海圻军舰之物，是英国阿姆士庄所造的12寸[①]巨炮，为岛上唯一武器装备。炸山后，开工典礼结束。

第七项，合影。

第八项，余兴。张学良检阅沈鸿烈部的海军。当时驻守海面的军舰有5艘：海圻、海琛、永翔、楚豫、镇海。受检阅的水兵共300余人，列队步伐整齐，军容威武雄壮，沈鸿烈向张学良介绍了各舰长。张学良筹划的葫芦岛港建设，在当时是最大的工程，是政治经济生活中的大事。

2. 筑港

葫芦岛筑港工程开工后，工程进展顺利。仅一年半左右的时间，就将一半的山、高粱垛夷为平地，并延伸一段防波堤，修建了车站、宿舍、水泥库等。1931年，"九一八"事变爆发，张学良的10多万东北军奉命撤入关内，东北三省随后被日军侵略者占领，葫芦岛沦陷，筑港工程被迫停止。

二、发展

"九一八"事变后到1945年，日本为了掠夺中国资源，1934年起陆续对葫芦岛港进行建设，把葫芦岛港建成了能够使用但条件异常简陋的港口。

新中国成立后，葫芦岛港成为中国重要的港口。1960年渤海造船厂建成投产，成为中国船舶工业的重要基地。

1984年12月6日，葫芦岛港对内开放。

1999年1月21日，中华人民共和国国务院批准葫芦岛2000年5月17日宣布正式对外开放，成为国家一类口岸。

---

① 1寸≈3.33厘米

葫芦岛港

2000 年 5 月 17 日葫芦岛海关正式挂牌成立。葫芦岛港开通后,成为国家一类口岸,中国国籍具有国际航行资格的船舶可以开展外贸运输业务。国内的远洋船舶从葫芦岛港出发,可抵达世界上任何国家和地区。东北地区的黑龙江、辽宁、吉林三省及内蒙古东部又增加了一个出海口,这对促进这一地区的经济发展影响深远。随着港口对外开放,中国沿海港口由南向北依次开放的格局进一步完善。

参考文献:

[1] 甄峰,顾朝林,宗跃光. 老工业基地振兴战略下城市开发区功能定位研究:以葫芦岛经济技术开发区为例[J]. 人文地理,2005(5):26 - 29.

[2] 钟桂华. 张学良将军与葫芦岛港[J]. 中国地名,2012(12):45.

葫芦岛历史上以少胜多的战役

自古以来葫芦岛就是军事战略要地，是为东北入关的主要关卡，其独特的“咽喉”地理位置，使其成为兵家的必争之地。在其历史发展过程中，这里发生过多次以少胜多的著名战役值得研究，其成功的原因及胜利的意义，更凸显了中华民族精神的传承，体现着英雄们的家国情怀。为了实现中华民族伟大复兴，研究这一地方史论题是很有必要的。

白狼山之战，宁远大捷和塔山阻击战作为葫芦岛历史上以少胜多的著名战役，都展现了中华民族为追求民族统一与融合的民族精神、保家卫国的爱国精神、不畏强权的正义精神，如下是对这三场著名战役的分述。

一、白狼山之战

白狼山，位于葫芦岛市建昌县城东 5 千米处，总面积有 93 平方千米，主峰高达 1 140. 2 米，有着丰富的森林资源和绚丽多彩的自然风光，被评为国家级自然保护区。在中国历史上，一场以少胜多的战役使其名声大噪。

东汉末年，中原地区群雄逐鹿，辽西地区也难免卷入这场大争斗之中。公元 207 年，曹操为统一北方，巩固后方，清除官渡之战后的袁氏残余势力，进而接受郭嘉建议，挥师北上。此时的辽西地区正被一支新兴的游牧民族乌桓（又称乌丸）所占据，其首领蹋顿与袁绍联合，并且通过联姻方式巩固其联盟。袁绍死后，其袁氏余部投奔乌桓。因此就迎来了双方决定性的战役——白狼山之战。

当时乌桓占据以逸待劳的优势，兵马“盛众”，但他们和其他游牧民族一样，单兵能力虽强，整体作战能力却弱。曹操方面，由于气候等自然原因和士兵急行疲惫不堪等客观原因，决战时曹军只有余万骑，但曹操的优势在于出其不意，猛将和精锐骑兵众多。尤其将领张辽有着气吞山河，勇猛无畏的精神。最终乌桓首领蹋顿当阵为张辽斩杀。此后乌桓群龙无首，队伍七零八落，被俘人数多达 20 余万。

晋朝史学家陈寿在《三国志·魏书·乌丸鲜卑东夷传第三十》中评价到：“太祖潜师北伐，出其不意，一战而定之，夷狄慑服，威振朔土。”展现了这场战役对少数民族地区的收复与对国家统一所做的贡献，促进了民族融合及对边疆的治理，增强了民族认同感。

二、宁远大捷

在葫芦岛兴城火车站站前广场，屹立着一座人物雕像——明代末期爱国将领袁崇焕。袁崇焕，字元素，号自如，广东东莞人（祖籍广西腾县），生于明万历十二年（1584 年）。天启二年(1622 年),袁崇焕受命任职宁前兵备道与大将满桂驻守宁远。在兴城的名人史册上,他是一位不可或缺的人物,他所领导的宁远大捷之战,至今为兴城人民所津津乐道。

公元 1627 年,此时的明代已走向了末路,政治腐败,起义不断。东北部兴起的女真族(后金)在皇太极的领导下,围攻宁远地区,即现今的兴城。时任辽东巡抚的袁崇焕率军作战,他下令放弃山海关以外的地区,让军民都撤回到关内,此时的宁远城成为一座孤城,此时袁崇焕壮士断腕,要与后金军一战到底,以少于两万的军民对抗后金 6 万大军。面对明廷议和之态,袁崇焕没有放弃,而是采取"凭坚城,用大炮"的防守战略英勇抵抗。

兴城古城是一座方形卫城,城墙四角各有一个方形敌台,三面伸出城外,一面和城池相连,据《明季北略》记载,当时袁崇焕在宁远城的敌台上放置了 11 门当时中国最先进的红夷大炮,当火炮调转时,火力可以覆盖城墙外 270°的范围,相邻城墙角敌台之间的大炮还能相对射击城下的敌军,在一定程度上使得后金军不能在火炮死角动手凿城。除了地理位置及武器上的优势,袁崇焕还不断鼓舞军队士气,勠力同心,同仇敌忾,军心振奋。

努尔哈赤所率领的后金军包围宁远城 3 日无法攻克,且伤亡惨重,明军由此取得了以少胜多的辉煌之战——宁远大捷。明军在此前的辽东战场上不断败退,而对后金作战却取得了胜利,这些应主要归功于将领袁崇焕,就连天启皇帝朱由校也感叹:"宁远以孤城固守,击退大虏,厥功可嘉","八年来贼始一挫,乃知中国有人矣"。宁远大捷打破了后金八旗不可战胜的神话,极大鼓舞了明代军民的士气。

当时袁崇焕不断被迫害。这些更突显了袁崇焕的爱国精神,在国家危难时刻,凭借自己的谋略与胆识,使一座孤城在军力少于敌军军力的情况下取得胜利,这正是以爱国精神为核心的中华民族精神的彰显,也使宁远这一地区的人民深受此精神所渲染及将其传承。屹立在兴城的袁崇焕雕像,鼓舞着一代又一代的兴城人民投身到保家卫国,实现民族复兴的热潮中去!

三、塔山阻击战

塔山,隶属于葫芦岛市连山区。它东临锦州湾,西接白台山,是山与海之间最狭窄的一段,仅有 12 千米宽。塔山其实是塔山堡的简称,原意指一座有塔有山的士兵堡垒,然而真实的塔山是既无塔也无山,但却是葫芦岛市到锦州的必经之路,也是当年国民党军进行支援的必经之路,故成为东北中国人民解放军切断国民党援军的必争之地。因此敌我两军在这里进行了生死搏斗,塔山也由此而闻名。

1948 年 10 月中旬,正处于辽沈战役第一阶段的收尾时期。为保障人民解放军攻克锦州,阻止国民党东进兵团的援助。东北野战军在塔山与国民党军进行了的一次长达 6 天 6 夜的防御作战。当时,敌众我寡,人民解放军参战人数是 8 万人,而国民党作战人数多达 10 万,在这种情况下,人民解放军依然英勇拼杀,四战四捷,以伤亡 3 000 余人的代价,顽强抵抗了国民党军的立体进攻,并歼敌 6 500 人。

此次阻击战的胜利,除了战略部署正确得当,还要得益于强有力的思想政治信念,"死守阵地""与阵地共存亡"等口号,体现了人民解放军英勇作战,不屈不挠,顽强拼搏的大无畏的革命精神。“塔山阻击战革命烈士永垂不朽”的字样,始终印刻在塔山狙击战革命烈士陵园的纪念碑上,背面镌刻碑文详述了战争经过和英雄事迹。

四、结论

在历史上,以少胜多似乎成为评价一个将军或者一支军队战斗力高低的标准,以往研究者多会从战略战术等角度阐释,但本文旨在通过对葫芦岛所辖的建昌、兴城、连山三个地区古今战役的分述,尤为明显地展现了精神力量在其中的作用。用少量的精兵强将去战胜数量更多的敌人,精神意志的支持是十分重要的。而在葫芦岛历史上的这些著名战役,又潜移默化地影响着本地人民民族精神的养成。以爱国主义为核心的民族精神,追求民族统一与融合的民族精神,英勇作战、不屈不挠、顽强拼搏的大无畏革命精神,推动了葫芦岛地区的发展,为中华民族伟大复兴注入源源不断的精神血液!

参考文献:

[1] 陈寿. 三国志[M]. 北京:光明日报出版社,2016.
[2] 阎崇年,俞三乐. 袁崇焕资料集录[M]. 南宁:广西民族出版社,1984.

葫芦岛的佛教遗迹

两晋时期，随着大批汉族向北地迁移，佛教也从中原传入了辽宁地区，辽西的慕容燕国在都城和统治区内广建佛寺。南北朝至隋唐时期，葫芦岛地区的佛教在之前的基础上又得到了进一步的发展。葫芦岛地区佛教的兴盛始于辽代中期，辽金元时期一直是佛教圣地，遗留的佛塔遍布整个辖区。明清的寺院更是遍布在葫芦岛的青山绿水间，有些遗迹至今仍留有当年的风采。

一、"寺"水流年

1. 莲花山圣水寺

莲花山圣水寺位于葫芦岛市连山区杨杖子镇，始建于清代康熙五十三年(1714 年)，其后几经扩建，到民国二十八年形成了现在的寺院。

山门，又称天元宫，为三层方座圆顶式建筑。钟楼、鼓楼为大木架歇山式结构，前门额处分别嵌"德善堂""仁义礼"。碧云宫是莲花山圣水寺的主体建筑，其主体为四层方座大木架式结构，融合了儒家、佛教、道教的建筑理念，其风格独特，装修彩绘华丽，整体布局有传统建筑中的园林特色，是葫芦岛地区现今保存较完整的古建筑群之一。

莲花山圣水寺

2. 灵山寺

灵山寺位于葫芦岛市连山区的山神庙子乡凉水井子村，最初修建于清乾隆三年(1738 年)，后于清嘉庆十一年(1806 年)重修，是一座佛、道两教结合的寺院。

灵山寺

灵山寺分上、下两院，现存的下院仍然保留着钟鼓楼、天齐庙、天君楼、太阳楼、太阴楼、万佛楼、慈航楼等亭台楼阁29座。在众多楼阁中，天齐庙可以看成是一个独立完整的院落，它的正殿有一副楹联，上写着“爵施天齐主，功司地藏王”。它的门外有一对石旗杆，中段塑有“金龙盘玉柱”，金龙的龙鳞凸起，双目圆睁，龙口大张，钢丝做的龙须随风微微颤动，形象生动逼真。出庙门的前方有蜿蜒的石板桥，行人可通过石板桥前往各个佛殿，桥的交叉处有一个十字亭。太阳楼和太阴楼都是歇山式两层建筑，各楼都带前廊，而且门边都有灰塑楹联，儒家的二十四孝图分别画于其外壁之上。

3. 明性寺

根据《朝阳县志》（缸窑岭原来属于朝阳管辖，1961 年 7 月划归葫芦岛）记载：“明性寺建于清代光绪二十七年（1901 年），在县南（指朝阳）一百六十里处。”该寺院为宣讲堂捐募修筑，寺基颇宽敞，前后共五层殿宇，内有释迦佛、太上老君、真武大帝、关圣帝君、张桓侯及十八明医等像。又据“重修明性寺碑文”记载，在民国十二年（1923 年）4 月明性寺曾由北堂慈善会会长主持重新修葺，这才有了现在的规模。

明性寺

明性寺体现了中国传统建筑的设计理念，其布局规整，气势宏伟，五层殿宇层层递进都建在同一条中轴线上。仔细观察会发现其建筑继承了清代华丽精美的风格，很注重细节又兼具有民国初年的新思想、新理念、新做法，不拘泥于传统，可以说是葫芦岛地区清末民初建筑的典型代表。

二、古塔遗风

1. 双塔沟塔

位于南票区的沙锅屯乡双塔沟村。在村部的西南方向 2 千米处有一座大塔山，山顶就是双塔沟塔的遗址。这座塔的塔高大约 11.2 米，塔基的周长约为 11.5 米，占地面积约 11 平方米。该塔属于六角七层实心密檐式结构，塔身上有 6 个斗拱门，门内立有佛像，但现在佛像已不知所踪，上面有宝盖飞天，塔檐以上则是叠涩而成，塔顶已破损严重，其间有的地方与塔身相连，塔座西部有损毁的痕迹。专家根据该塔形制，推测此塔应建于辽代。

安昌岘舍利塔

2. 安昌岘舍利塔

在南票区的暖池塘镇安昌岘村子的东边有一座海拔约 200 米的小山，安昌岘舍利塔就坐落在那。此塔现存高度为 17.14 米，属于八角形实心七层密檐式结构。据该塔南 5 米处的《锦州安昌县永和村东讲院重修舍利塔碑铭并序》石碑（1152 年）记载，“锦州西百里旧有县曰永和，先隶榆州，自本朝抚定后，废县为村……”“乃舍助清财，请命平坡净觉寺僧善冲与本院首座僧誓隆等主其事，特剥旧基，而增修之，叠起七层，高逾六丈，其陶土坊工匠成于心授，夫于手当，始兴修奉安舍利”。通过这些记载，我们可以看出在金天德四年时，曾“特剥旧基，而增修之”重新修建舍利塔。可见此塔在金天德四年时，已经有很严重的损毁情况，那么说明此塔最初修建的时代应较早，很有可能是辽代早期。并且在塔下有规模较大寺院，为塔寺合一。此塔为辽代榆州永和县所属。

3. 兴城白塔峪塔

白塔峪塔位于兴城市的白塔峪乡塔沟村西。此塔塔高 41 米，属于八角十三级密檐式结构，为密宗金刚界塔。白塔峪塔修建于辽大安八年（1092 年），该塔原建于寺庙之中，但现在寺庙已经不在，塔依然竖立于此。

4. 兴城磨石沟塔

兴城磨石沟塔

磨石沟塔位于兴城市的红崖子乡磨石沟屯。现存遗址高 17.23 米，属于八角九级密檐式结构。此塔的塔身较为特殊，每个面的中部有一扇砖雕圆券门，门外的两侧各立一个胁侍。其中有四个面的中部雕有砖碑，碑的上方雕有降龙图案，中间是方形碑面，底座雕刻着乌龟，碑上的文字是粗体梵文。根据它的形制，专家推断此塔应该是辽代中晚期修建的。

5. 绥中妙峰寺双塔

位于绥中县的永安乡塔子沟村北山之上，其中较大的塔是八角九级密檐式结构，塔高约 20 米，修建于乾统年间(1101—1114 年)。在大塔的东南和西南两面塔身处有题铭："辽天祚皇帝宣赐舍利塔"。其中较的小塔是六角五级密檐式结构，塔高约 9 米，塔身的西南面雕刻着手执莲花和宝物、头着花冠的观音菩萨像，另外的五面均为砖雕佛像，每个佛像的造型基本相同，都是端坐在莲台上的坐像，唯有手的结印略不相同。佛像面容清俊，肉髻低平，古意盎然，静穆庄重，与其他辽代的塔砖雕佛像相比略显瘦削。根据雕像的形态专家分析此塔最初的建成时间可能较早，大约在辽兴宗时期。

绥中妙峰寺双塔

古塔东侧的山脚下，还有一处辽代庙址，寺庙的墙基部份全是辽代的大石条和勾纹砖砌成，庙旁还有一口古井。

三、佛光普照

以上内容只是葫芦岛地区的部分佛教遗址。佛教随着汉族人口的流入就在这片沃土上生根发芽。

佛教文化对葫芦岛地区乃至整个中国社会都产生了很大的影响，我们应该正确看待佛教文化，使它健康发展，更好的造福于人类。

参考文献：

[1] 才春新. 灵山传奇[J]. 中国地名,2018(8):34－35.
[2] 马雪峰. 辽宁兴城磨石沟塔形制浅义[J]. 大众文艺,2016(22):137－138.
[3] 王佳. 辽金时期东北地区的佛教信仰和舍利崇拜[J]. 地域文化研究,2019(5):65－76.

豆卢宁及其家族探源

豆卢氏家族是鲜卑望族,他们曾世代与皇族通婚,自北朝至隋唐时期其政治影响力不容小觑。《北史·豆卢宁传》《周书·豆卢宁传》《新唐书·宰相世系表》等史籍中均可见这一家族的显赫与辉煌,然而,随着政治环境的变化以及豆卢家族自身难以克服的因素,豆卢家族最终走向了衰落。

一、豆卢宁

"豆卢宁,字永安,昌黎徒河人。……皇始初归魏,授长乐郡守,赐姓豆卢氏。"这是《北史》中对豆卢宁的记载,与《周史》及《庚子山集》中豆卢宁墓志对照,可以肯定这一记载的确切性。

史书记载豆卢宁为昌黎徒河人。"昌黎"作为县名,始见于《汉书·地理志》,此后虽有"交黎""交辽"等名称杂乱的现象,但基本上"昌黎郡"的建置,维持在隋朝时期,其辖域也未离开辽宁朝阳、锦州一带。由此,我们可以判定,豆卢宁起于辽西。《北史·豆卢宁传》中记载豆卢宁的父亲名曰"豆卢苌",为北魏柔玄镇将,颇受器重,其弟豆卢恩,后封沃野县公,寻转陇右总管府长使。豆卢宁一生历经北魏、西魏、北周数朝,均威望显赫。他年轻时曾随尔朱天光入关,获封灵寿县男。北魏孝武西迁,因有奉迎之功,获封河阳县伯,食邑百余户,后晋位为公。西魏大统年间,豆卢宁兄弟入西魏,因功屡次升迁,西晋恭帝二年,改封武阳郡公,迁尚书右仆射;北周孝闵帝即位,授柱国大将军;后因荆陕之功,获封授大司寇,册封楚国公,食邑万户;北周保定五年(564)年,去世于同州,赠太保衔、十州诸军事、同州刺史,谥号为"昭"。

二、豆卢氏家族始末

通过分析发现,豆卢宁的生平是比较清晰的。

1. 豆卢家族缘起。《北史》中记载"其先本姓慕容氏,燕北地王精之后也。高祖胜,以燕。皇始初归魏,授长乐郡守,赐姓豆卢氏。"据史料,豆卢家族本姓应为"慕容",其祖为"慕容精"和"慕容胜","豆卢"一姓是北魏道武帝拓跋珪所赐。但《北史》对于这段记载也不甚确定,豆卢氏的由来还有第二种说法是"避难"。目前学界对于豆卢氏的由来也有诸多争论,但由于史料有限未有定论。

2. 豆卢家族之衰。豆卢氏家族自北魏到唐玄宗时,其男性成员以北周、隋朝、李唐王室公主联姻的共计六例,而这一家族的女性成为上述王朝的皇妃则更多。这一时期的豆卢家族可谓内外兼贵,家族成员在朝中出将入相。而自武周到玄宗朝中期,豆卢家族几乎不见身居高位者,与主上联姻的现象也不复出现。对于豆卢家族衰落的原因,学界的看法是比较一致的。武后自高宗显庆年掌权,逐渐放弃李唐王室长久沿袭的依靠自西魏、北周及隋承袭下来的关陇士族集团后裔的“关中本位政策”,她一方面大兴科举,提拔庶族子弟入仕,一方面打击关陇贵族集团。她的这一做法,在玄宗一朝仍被沿袭。这种情况下,豆卢氏家族名门王族的地位逐渐丧失,其成员想凭借门第出仕已甚不易,仅有少数有能力者通过科举考试走入仕途,但也并无高官。

豆卢家族系出北燕,其发展历程一定程度上是北方少数民族与中原文化交流融合的缩影,而其数百年的家族历史正也是中华民族文化传承性和包容性的体现。

参考文献:

[1] 董宝瑞.“昌黎”之谜[J].周口师范高等专科学校学报,2002,19(3):6-9.

[2] 李延寿.北史[M].北京:中华书局,2013.

[3] 令狐德棻.周书[M].北京:中华书局,1971.

[4] 李海叶.《新唐书·宰相世系表》之“豆卢氏”源出考[J].中国边疆史地研究,2008,18(4):127-132.

[5] 姜波.豆卢氏世系及其汉化:以墓碑、墓志为线索[J].考古学报,2002(3):303-334.

[6] 冯立民.古昌黎城址寻踪[J].渤海大学学报(哲学社会科学版),1998(4):118-120.

地方史在历史教学中的作用

21 世纪以来，新课程改革逐步深化发展。新课程改革的一个重要目的是促进学生的全面发展及素质的提高，《普通高中历史课程标准》在谈到历史课程内容的选择时指出，应坚持基础性、时代性，应密切与现实生活和社会发展的联系，关注学生生活，关注学生全面发展，这正体现了新课程改革的核心理念“为了每一位学生的发展”。但是，中国历史毕竟历史卷帙浩繁，线索众多，仅仅依靠书本知识的介绍，就显得单薄，另外《初中历史课程标准》也提出，要倡导学生积极主动地参与到教学过程中，勇于提出问题，学习分析问题和解决问题的方法，改变学生死记硬背和被动接受历史知识的学习方法。因此，作为历史教学工作者，我们更应该改革教学方法，丰富教学内容。地方史就可以很好地发挥补充作用，让历史知识更加生动、直观。

一、开展地方史教学的意义

1. 激发学生学习历史的兴趣、提高学生学习历史的能力

历史感觉起来离我们很遥远，对于发生在其他地方的事件，学生往往又很少会产生兴趣，对于他们来说，关注更多的无疑是自己正在生活的这片土地。地方史是学生生长地的历史，在历史教学中结合地方文化史，更容易激起学生学习的兴趣，便于学生注入情感，投入记忆。这样在学生的心目中，历史不再是遥远的不可捉摸的人和事，而是活生生的、有血有肉的、可触可摸的存在了，同时也让学生养成用历史的眼光看问题，从而达到通过熟悉的身边的事物感受历史世界的目的。

在高中历史教学中应用地方史资料还有助于培养学生进行研究性学习的能力。爱因斯坦说过：“提出一个问题，往往比解决一个问题更重要”，高中历史教学不仅要传授知识，还应该注意对学生学习能力特别是研究性能力的培养。在教学中适时引入一些地方史资料，使学生走近历史，走入社会，亲自了解历史的发展过程及其对未来的影响，有助于培养学生从历史中学习如何更好地观察问题、分析问题和解决问题的能力。

2. 历史课程的重要补充

中国历史卷帙浩繁，线索众多，这是毫无疑问的。《高中历史课程标准》确定了课程需要讲解的主要内容、学生需要掌握的知识程度。历史课本选择了最重要的知识进行介绍，但是对我国这样一个多民族、历史悠久的国家，仅仅依靠书本知识的介绍，显然无法全景式地详细介绍我国各地方历史，那么，地方史就可以发挥很好的补充作用，这让历史知识更加细腻，让历史更加直观，让学生了解的更加详细透彻。

3. 进行爱家乡教育，进而增进学生的爱国情感

欲放眼天下，应心怀乡土。爱国主义并非空泛的口号，爱国必先爱家，只有了解家乡的历史与文化，才能更好地热爱她、建设她，进而热爱我们的祖国。学生学习本地方史，可以很好地了解故乡的历史情况，从而，积极地投身到本地区的社会主义建设事业中去，而且还可以由近及远地通过地方史的学习更好地掌握祖国的历史，接受到更加生动的爱国主义思想教育。

4. 激活历史教学

学生对地方史不会觉得陌生，相反，会觉得十分亲切。学生往往因为涉及到自己家乡有著名的历史人物、事件而感到自豪，学习起来就会有更大的兴趣、更好的效果。如果将地方史纳入到正规的教学范围对教师也是一个很好的促进。多年来，我们的历史教学大部分是知识的固化教学，久而久之，老师的历史思维也容易停滞不前。地方史教学的出现，能够给历史教师扩充思想和知识空间。如此，历史课便会在一定程度上“复活”。

二、地方史在历史教学中的应用

1. 在课堂教学中的应用

(1)导入的作用

良好的开头是成功的一半，新课的导入是调动学生学习积极性的第一步。一堂历史课，头开得好，就能促进学生学习的兴趣，迅速活跃课堂。新课导入的方法很多，如果能利用学生身边的历史来导入，无疑可以提高学生学习新课的热情。

(2)在教学过程的应用

地方史料为高中历史教学提供了重要的素材。这些素材在高中历史教学中的运用，可以弥补现行高中历史教材内容只偏重历史学科的“知识系统”，单调枯燥等缺陷；可以拓宽学习和研究视野，从而使历史学习和研究变得更加饱满丰腴、富于情趣，活跃了高中历史课堂教学。如在讲述高中历史《新潮冲击下的社会生活》时，可以结合本地文史资料、长辈们的讲述，将本地几个不同时期的历史状况做一个对比，这样可拓宽学生对该问题的观察视野，使学生很容易理解了教材的内容，使教学目的轻松实现。

(3)在作业中的应用

给学生安排作业，可以让学生在现实生活中去挖掘历史素材，去发现我们身边的历史事件，选一个角度去调查研究。比如讲述“餐桌上的变化”，可以从三辈人的温饱谈起，爷爷的时代，挨饿受冻，生活艰苦。爸爸的时代，处在改革开放时期，生活改善到吃饱、吃好的状态。

2. 在“第二课堂”的应用

可以将地方史融入到历史演讲会、寻访历史遗迹、采访革命前辈等的课外活动中，老师可以指导学生“编写地方历史小资料”，撰写“历史小论文”“社会调查报告”等；指导学生开展社会实践活动课，通过走访、问卷调查、上网查阅等实践活动，使学生了解地方特色历史文化等方面的知识。通过实践活动，学生参与其中，亲自去体验祖祖辈辈们生活的这片热

土的厚重历史。学生在考察实践中对自己的故乡有了进一步的认识,对故乡的爱恋之情随之加深。丰富的地方文化资源充实了历史与社会课程的内容,大大提高了学生学习历史的积极性,也从不同层面和角度为学生提供了学习和理解历史的素材。